村田兆治という生き方

マサカリ投法、永遠なれ

三浦基裕 著

ベースボール・マガジン社

はじめに

2022年11月11日の昼前だった。

新潟県佐渡市にある自宅の居間で寛いでいると耳を疑うようなニュースが飛び込んできた。

テレビ画面には『プロ野球の村田兆治元投手が死亡　東京世田谷区の住宅で火災』という見出しが映し出されていた。

『成城署によると、村田さんは一人暮らし。2階居間の燃え方が激しく、消防が駆けつけたときは部屋着姿で、隣室の床に座った状態だったということです』とニュースを報じるアナウンサーの声が聞こえてくる。

そのあと、続報や新たな情報はないかと、ひたすらネットサーフィンを続けた。あるニュースサイトには、警察情報として『発見時にたばこを手にしており、寝たばこが原因か?』とあった。

本当かなあ。兆治さんは、かなり前からたばこはやめていたはずだけどなあ。それともまた吸い始めていたのかなあ。

思案を巡らしながら情報を探し続けていると、まことしやかに自殺説や認知症説を唱えているところもあった。自殺説は、そのひと月半ほど前に羽田空港の荷物検査場で兆治さんが女性検査員に暴力行為を働いたとして逮捕されたことを苦にした、という仮説に基づいていた。

それは絶対に違う！　私は反射的につぶやいていた。逮捕された数日後、兆治さん本人から私に電話がかかってきていた。

「空港で逮捕されたことで俺を信じられなくなった子がいるかもしれない。どんなに時間がかかっても交流を続けてきた全国の子どもたちの信用を取り戻していく」

と力強く語るのを聞いていた。それだけに『自殺ではないか』『自殺しか考えられない』という記述を見るたびにイライラが募った。

そんなとき、携帯電話が鳴った。画面に表示されたのは、私の古巣であるスポーツ新聞社で編集幹部をしている後輩の名前だった。

「村田兆治さんを悼む記事を書いてください」

その依頼に応じて書いたのが、以下の一文である。

村田兆治さんを悼む

あれは1990年8月末だった。当時、プロ野球の遊軍記者だった私は、ゲームのないロッテの本拠地・川崎球場にいた。狙いは「村田兆治引退」のニュースだった。このシーズンもすでに2ケタ近い勝ち星を挙げてはいた。だが、こだわり続ける「先発完投」が激減していたことから、あの性格ならやめるのでは、と思ったからだ。

調整練習を終えた兆治さんと、ようやく二人きりになれたのは駐車場で愛車に乗り込む寸前だった。

「どうした？　三浦」の問いかけに「はっきり言います。兆治さんの引退を書くつもりで来ました」と返した。

「そうか。お前、書く自信はあるか？」と聞かれ、焦りながら「あるからここにいます」と返した。

「わかった。ならあとはお前に任せる。じゃあな」とだけ言って走り去った。

翌日の1面で「村田兆治引退」が掲載された。朝早く、その紙面を抱えて自宅のある成城に向かった。「このように書かせてもらいました」と新聞を差し出した。読み終えた兆治さんはニヤッと笑った。「よし、これでいいよ。お疲れさんだったな」。それだけのやり取りだったが、これこそが村田兆治たる所以なんだな、と強く感じたことを思い出す。

86年シーズン、ロッテの番記者を務めた。打は落合、投は村田が大看板だった。近寄りがたい雰囲気を醸し出しながらも、飛び込むほどに胸襟を開いてくれた。ブルペンでの投球練習の際には「ちょっと立ってみるか？」と言って、打席に入れてくれたりもした。いったん心を開けば、どんなときでも真正面から受け止める。4年経っても、相変わらず真っ正直で一本気な兆治さんがそこにいた。

引退後は、兆治さんが提唱者となった「全国離島交流中学生野球大会（離島甲子園）」の運営なども手伝わせてもらうなど、長いお付き合いをさせてもらった。

今年8月25日には、私が住んでいる佐渡島（新潟）で開催された離島甲子園大会のために来島した兆治さんと久々に会うことができた。

羽田空港での暴行容疑によって逮捕された後の10月1日には、突然の電話がかかってきた。保安検査所の女性係官への謝意や、暴行の意図はなかったことなどやりきれない気持ちばかりが伝わってきた。その最後の方だった。「自分も歳をくってきたし、そろそろ今の家を処分して、マンション暮らしを始めることを考えているんだよ」。

それなのに、こんな最期になってしまうなんて。合掌。

三浦基裕

最後の一行を「それなのに、こんな最期になってしまうなんて」と記したのは、誰にも真似のできないことをいくつもやってのけた男が、空港の不運な出来事や、火事による一酸化炭素中毒死によって、その生涯を誤解されるような終わり方になってしまうのではないか、との思いが込み上げてきたからだ。

私が恐れたのは、このままでは村田兆治という存在が、矮小化され、もうじき人々の記憶から消えてしまうのではないか、ということだった。

それを阻止するには、兆治さんとの長い付き合いの中で生まれたエピソードや言葉のやり取りを一冊の本にまとめて残す必要があると思ったのだ。

そんな思いに駆られて書き始めたのが本書である。

まず第一章で、晩節を汚したとされる羽田空港手荷物検査場で起きた出来事と、自宅での一酸化炭素中毒死が起きた背景を解き明かし、こびりついた垢をそぎ落としたうえで、兆治さんとの長い付き合いの中で生じた、記憶に残る出来事を、実際のやり取りを可能な限り再現しながら、紹介していきたい。

目次

CONTENTS

CONTENTS

執筆・構成＝三浦基裕
写真＝BBM
校正＝中野聖己
編集＝ベースボール・マガジン社
装丁・デザイン＝イエロースパー

第一章

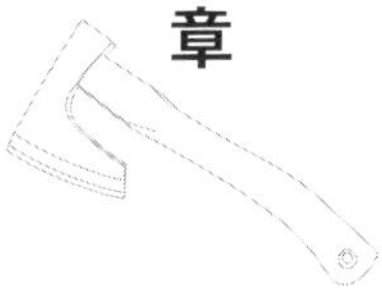

不運に不運が重なって起きた事件

農作業中にかかってきた電話

事件は2022年9月23日、羽田空港の保安検査場で起きた。

「村田兆治逮捕」のニュースは、瞬く間に各メディアで報じられた。

それを見て私は、兆治さんが逮捕されたことは間違いのないことだとは思ったが「暴行」という言葉がどうしても信じられなかった。現役時代から村田兆治という男は、後輩らに対して厳しい口調で注意することはあっても、手を上げるような場面は見たことがなかったからだ。

ましてや暴行を働いた相手は、女性検査員だという。あの兆治さんが、女性を叩いたり殴ったりするはずがない。「村田兆治」と「暴行」という言葉が結び付かないまま、新聞やネットで続報を探し回る日々が続いていた。

すると、その1週間後のことだった。

私は、新潟県佐渡市にある自宅から少し離れた野菜畑にいた。収穫期が終わって枯れてしまったナスやピーマンの株を引っこ抜いては処理していた。急ぐ作業ではないので、汗を拭きながら水を補給しているとき、ポケットの中でスマホが鳴った。取り出してみると画面には村田兆治の4文字が浮かび上がっていた。慌てて手袋を外して受話ボタンを押した。


「兆治さん、どうも、ご無沙汰してます」

いつもの調子で挨拶すると、兆治さんもいつもの調子で、

「おう、三浦。元気でやっているか？」

と応じたものの、すぐに力のない口調に変わり、

「いやー、まいったよ」

と言ってため息をついた。

「羽田空港の件ですね？」

「そうなんだよ。まず言っとくけど、俺は絶対に暴力は振るってないからな。そういう人間でないということは、三浦も知ってくれてるよな」

「兆治さんの性格は十分にわかっていますよ」

少し間をおいてから、兆治さんはそのときの様子を一気に話し始めた。

「羽田の保安検査場で検査を受けるとき、最初はうっかりスマホを手に持ったまま金属探知機をくぐってしまったんで、ブザーが鳴ったんだ。それでスマホをトレーに置いて、もう一度くぐったんだけど、それでも鳴ったんだよ。その次にやっても同じだった。

そしたら女性の検査員が立ちはだかって、顔をめちゃくちゃ近づけながら睨みつけてきたんだ。それで反射的に、うるさいって感じで軽く払いのけようとしたんだ。突き飛ばしたり、叩いたりしたわけじゃないんだよ。そのときは、新千歳に向かう便の搭乗時間が迫っており、気持ちが急いでいたんで、反射的にちょっと振り払ったという感じだったんだ」

「でも兆治さんは力が強いから、向こうは暴力を振るわれた、と思ったのですかね」

「今思えば、そうなんだろうけど、そのときの俺は暴力を振るったという感覚がまったくないのに、ほかの検査員もやってきて前に立ちはだかったから気持ちがヒートアップして思わず声を荒げちゃったんだよ」

「大ごとになるという予感はなかった？」

「まったくなかったよ。航空会社の人も、そこに来てくれて『搭乗予定の便はもう間に合わないので、次の便を手配しておきます』と言ってくれたから、間違いなく次の便には乗れるものと思ってたよ」

「大ごとになったのは、そのあとですか？」

「保安検査場からの通報で警察官が10人くらい駆けつけてきたんだ。その中の一人から、女性の検査員に暴力を振るったかどうか聞かれたんで、『断じてやっていない』と否認したんだけど、現行犯逮捕だと言われたんだ」

「いきなりですか」

「そう、いきなり手錠を掛けられて、空港警察署に連行されたんだ」

「容疑は？」

「暴行だよ。逮捕されただけでも凄いショックなのに、人聞きの悪い『暴行容疑』まで加わったんで……」

二晩拘留され「妥協」

そこで一旦言葉が切れたが、まだまだ話足りない様子なので、安易な気休めを言うより、ここは聞き役に徹した方がいいと思った。

「暴行って聞けば、みんな『蹴る、殴る』といった言葉を思い浮かべるだろ？　俺は何もしていないのに『暴行容疑』というレッテルを貼られたんだ。それをやったように思われてしまう。ショックなんてもんじゃなかったよ」

「押した、押さない、という話があっという間に膨張して、そこまで行ったなんて現実離れした感じがしますよ」

「俺は72歳になったので、あと3、4年したら一切の仕事から身を引こうと思い始めていたんだ。そしたらゴール手前で、大きな落とし穴が待ちかまえていたわけだ。逮捕拘留という言葉は活字になれば何のインパクトもないかもしれないけど、自分がその適用対象になれば、とんでもないことになるんだよ」

「警察での扱いは、どんな感じだったんですか？」

「取り調べで否認し続けたら、そのまま拘留されて信じられないような扱いを受けたんだ。『これを着ろ』と言われて警察が用意した衣類を渡されたときは愕然として声を失ったよ」

「一晩拘留されたんですよね？」

「二晩だよ。一晩拘留されても、まだ妥協する気になれなくてねえ。でも結局、妥協するしかなかった。仕事に穴をあけるわけにはいかないからね」

「空港警察の玄関から外に出たら、報道陣が待ち構えていましたね」

「自分が世間からどんな目で見られているのか、あれでわかったよ。カメラマンたちが欲しがっている絵柄も想像できたんで、正面を向いて深々と頭を下げたよ。そうしないと非難の大合唱にさらされるから」

少し上ずり気味の口調に無念さがにじみ出ていた。事件から1週間が経過しても、自分の身に降りかかってきた不運と屈辱をどう消化してよいのかわからず、もがき苦しんでいる様子がうかがえた。

「兆治さん、思いつめずに元気出してくださいよ。村田兆治という男がどんな人間かを理解している人も大勢いるんですから」

と水を向けると、一呼吸置いて話し出した。

「今となっては、とにかくあの女性検査員さんには心から謝るしかないし、そのように受け取られたこと自体、俺の落ち度なんだから反省するしかない」

と謝罪の言葉を口にした。その声は、いつものトーンに戻り始めていた。


そして話は、今後のことになった。

「俺はね。子どもたちには、これだけは信じてもらいたいんだよ。村田兆治という人間は、決して暴力行為を働かないということをね。とにかくこれからは、交流してきたたくさんの子どもたちにね。あらためて村田兆治という男を信じてもらうために、やれることは何でもするつもりでいる。三浦、子どもたちに信じてもらうには、そうするしかないだろう？」

その脳裏には、野球教室で、熱血指導を行ってきた子どもたちの顔が去来していたのだろう。

声に力がこもっていた。自ら逃げることは絶対に許さない。信頼を失ったなら、信頼を取り戻すまで努力を続けるしかない。「人生先発完投」を座右の銘に生きてきた村田兆治が戻ってきた気がした。

「ぜひ、そうしてください。絶対に信じてもらえると思いますよ」

「よし、そうするよ」

その後も、子どもたちに対する思いを吐露するやり取りが続いた。

そうするうちに気持ちが安らいできたのかもしれない。突然、事件とはまったく違う方向の話題に切り替えてきた。

「ところで三浦、佐渡には別荘とかにするといい感じの空き家はあるかな？」

「急にどうしたんですか？　まあ、この島には空き家はたくさんありますけどね」

「いやね、俺もいい歳になったし、そろそろ今の自宅を処分して小さいマンション暮らしに切り替えようと考えてるんだ。そうなったら季節のいいときには、佐渡とか田舎の島でのんびりするのもいいなと思ってね」

「そういうことですか。まあ、この島の空き家はどれも広すぎるのが難点だと言われることもあるので、兆治さんのイメージする条件に適うものがあるかどうかわかりませんが、いろいろ探してみることはできますよ。具体的な物件の希望条件とかが決まったら連絡ください」

「そうか。いろいろ考えてみることにするよ。そのときはまた連絡するから頼むよ」

「了解しました。気長に連絡が来るのを待っていますよ」


このように最後の方のやり取りは事件と関係のない話題になっていた。

電話のスイッチをオフにしたとき、画面に出ていた数字を見て、このときの電話でのやり取りが30分以上に及んだことを知った。

あとでわかったことだが、兆治さんは他の親しい友人たちにも電話をかけて、苦しい胸の内を吐露していたという。普段は訥弁（とつべん）で積極的に電話をかけるタイプではないが、今回ばかりは人に気持ちを吐露することで、心の中に沈殿した重い鉛のようなわだかまりを少しでも軽くしたかったのではないかと思う。どこかに気持ちの安らぐ場はないものか。そんな思いばかりが募っていたのかもしれない。

私は、兆治さんが佐渡に別荘を持ちたいと言い出したことは、ただの気まぐれではなく、半ば本気で言ったように思えた。兆治さんはそれまで、ライフワークとする離島甲子園や野球教室、講演会、師匠である金田正一さんの『ドリーム・ベースボール』などで、何度も佐渡に来ており、熱血指導を受けた少年は数えきれないし、佐渡の海の幸も気に入っていたので、別荘を軽井沢や熱海でなく佐渡に持ちたいと思ったのではないか。

数カ月後には、このくらいの広さの物件はないか、と電話してくるような気がした。

国葬が引き起こした不運の三重奏

ここで改めて羽田空港事件を振り返ってみたい。

私がもっとも疑問に思ったのは、頻繁に飛行機を利用し、そのたびに保安検査を受けてきた兆治さんが、なぜあの日に限って何度トライしても引っかかったのか、ということだった。

4日後に安倍晋三元総理の国葬が行われることになっていたことが最大の要因だったのではないか。

そのため羽田空港には外国からの賓客が多数降り立つため、空港周辺では厳重な交通検問が行われていた。兆治さんは世田谷の自宅から羽田に着くまで、普段の倍以上の時間を要したという。

この日は師匠・金田正一さんの死去後、中心メンバーとなって活動している『ドリーム・ベースボール』が翌々日に芦別市で開催されるため、千歳空港行きの便に搭乗することになっていた。

兆治さんはプレミアムラウンジでの休息もとらず、そのまま専用の保安検査場に向かった。

ここは普段は検査が緩いが、この日は国葬を4日後に控え、セキュリティーが最高レベルに引き上げられていた。

兆治さんは、いつものようにスーツケースを持ったまま金属探知機を通った。

慌てていたので、スマホを持ったまま通ってしまいブザーが鳴った。これは、すぐに気が付いたので、すぐにトレーにスマホを乗せて、再度くぐったところ、またブザーが鳴った。

スーツケースのポケットには新聞の切り抜きに使うハサミが入っていたのだが、兆治さんはそれを失念していた。入ったままでも、それまでの空港の保安検査で一度も引っかかったことがなかったので忘れてしまっていたのだ。

そのあとの展開を『フライデー』は次のように伝えている。

9月23日に羽田空港第1ターミナルで暴行を働いたとして逮捕された元プロ野球ロッテの選手だった村田兆治容疑者。取材を進めていくうちに、その当時の緊迫した模様がわかってきた。

「村田さんが揉めていたのは、JALのファーストクラスの乗客やプレミアム会員だけが使える専用保安検査場でした」

そう語るのは、たまたま居合わせた男性客。彼が村田容疑者を見たときには、すでに10人近い制服警察官に取り囲まれていたという。

「薄いグレーのジャケットに濃紺のパンツ姿の村田さんは、キャリーバックのほかに、A4サイズくらいの茶色い紙封筒を手にしていました。僕らも初めは村田さんとは気付きませんでしたが、立派な体格なのでスポーツ選手か格闘家じゃないかなと話していました。

そうしたら夕方になって村田さんが逮捕されたというニュースを聞いて、〝あの揉めてた人がそうだったんだ〟って驚きましたね」(同・男性客)

報道によれば、村田容疑者は女性空港検査員に暴行を働いたとして逮捕されている。

だが、彼が見たときは警官や職員に手は出していないものの、

「まだダメなのか!」

「持ってない! 持ってない!」

「いつも持って入っとる!」

と、かなり強い口調で話していたという。

「とにかく、村田さんはすごく激高していて、警察官は一生懸命になだめながら、何

か彼が持っているモノをしきりに提出するように求めていました。しかし、村田さんは一向に耳を傾けない感じでしたね」(前出・男性客)

この中にある「持っている」「持ってない」と口論になったのは、新聞切り抜き用のハサミだった。以前の出張時（おそらく新幹線などを利用しての出張）、愛用のスーツケースに入れたまま失念していたので「持っている」「持ってない」と、押し問答になったのだろう。

検査員からスーツケースにハサミが入っていることに気付かされても、これまでも入ったまま金属探知機をくぐっているのに、一度も鳴ったことがなかった。それなのに、なぜ今日に限って詰問されるか、と納得がいかなかったので「いつも持って入っとる！」と強い口調で抗弁したのだろう。

愛車で移動中は大渋滞に巻き込まれて、遅れるのではないかとイライラしっぱなしだったこともあり、瞬く間に感情のスイッチがオンになってしまったのだろう。そう考えると、すべての辻褄が合う。

押した、押さないというレベルの些事が、悪い方に転がって逮捕拘留、さらにはニュースという事態までエスカレートしたのは、

1　国葬前の厳重な検問で空港への到着が大幅に遅れたことでイライラが募った。

2　空港の保安検査が厳重になり、これまでは同じ条件で通過できたのにこの日はできないためイライラが怒りにエスカレート。

3　この日は検査員がいつになく強面で対応したため、それに反応して激高してしまった。

以上の3つの要素が折り重なった結果である。いずれも国葬のための警備強化によって不運の三重奏を招いて、悲惨な結果につながったのだろう。

自殺ではないこれだけの理由

兆治さんから農作業中に電話をもらったのは、10月の初旬だった。

その翌月、兆治さんの自宅で火事が起き、現場から本人が遺体で発見された。火に

包まれたのは自宅2階の一部分で、発見された遺体に火が燃え移った形跡はなく、警察の捜査で、一酸化炭素中毒死だったことがわかった。

10年余り前から一人暮らしを続けていた。淑子夫人は年老いたお母さんの介護をするために、実家のある神戸に戻って暮らしていた。そんな状況もあって小型マンションへの引っ越しも考え始めていた中での失火だった。

さまざまな情報を総合すると、遺体は、壁を背にして上半身を起こした形で見つかっており、たばこを指に挟んでいたことから、警察は火事が起きた原因を寝たばこと見ているとの報道もあった。

ただ、十分な証拠が揃っていたわけではないので、はっきりした原因は特定されなかった。

そのため、兆治さんが亡くなったあと、ネット上に「自殺ではないか」「自殺に違いない」という記事が出るようになったわけだが、それを見るたびに私は苛立った。

こうした説は、兆治さんが『羽田空港事件』で、それまで積み上げてきた名誉や評判を一度に失い、それを苦にして家に火をつけ自殺を図ったと勝手に推測している。

羽田の事件についてはショックを受けていた。いろんなイベントで交流してきた子どもたちに「夢を持って頑張れ」と言い続けて自分が逮捕されてしまう事態となり、夢を壊す結果になったことは痛恨の思いだったはずだ。

だが、その一方で、

「自分としては暴力行為を働いたつもりはまったくない。子どもたちに、村田兆治という人間は、決して暴力行為を働かないということを証明するために、これから俺は全力を尽くすつもりなんだ」

とも語っていた。その口調には何事も真正面から取り組み、逃げることを良しとしない男の強い意志がこもっていた。

そんな人が、自殺するだろうか？

自殺説を唱える人の中には兆治さんが羽田空港での事件で、それまで積み上げてきた信頼や名誉を一挙に失い、それを苦に、と考えている人もいたが、これも見当違いな見方だろう。

羽田空港事件によって何かが失われたわけではない。

長年にわたって尽力してきた離島甲子園（正式名称は国土交通大臣杯・全国離島交流中学生野球大会）は、今後も村田兆治を大会提唱者として讃え、大会のシンボルに据え続ける方針に変わりはなかった。

羽田空港事件は北海道で開催される『ドリーム・ベースボール』で監督を務めるため、千歳空港に行こうとしていたときに起きた事件である。警察に二晩拘留されたことで穴をあけてしまい谷沢健一さんが急きょ代役を務めたが、次回からはまた兆治さんが指揮を執ることになっていた。

それらのイベント運営に関わっている人たちは、長い付き合いの中で兆治さんの律儀で一本気な人柄をよく知っているので、この事件が今後の活動に影響することはなかった。

もう一つ言わせてもらえば、安易に自らの命を絶つことは、『人は誰でも人生というマウンドに立っている。簡単に降板することはできない』という兆治さんの人生哲学にも反している。

これはもともと球界の大先輩であり、兆治さんが現役時代にロッテの監督を務めた金田正一さんが使っていた文言だった。生前、金田さんから「俺の葬式でお前が弔辞を読むとき、これを入れてくれ」と命じられていたという。それから自分の信条の一つにするようになったのだ。師匠から引き継いだこの大切な信条を、突然打ち捨てて自殺に走ることは、どう考えてもあり得ないことだ。この点も私が自殺説を否定する根拠の一つになっている。

家に火をつけて自殺したのではないかという憶測は、あの事件と関連づければ一見、理屈に合っているように聞こえるかもしれない。だが、長年の間お付き合いしてきたご近所さんの家に延焼する可能性も高い「火つけ自殺」を選択する可能性はゼロと言っていい。

しかも自殺の手段としては最も確実性が低く、火事の度合いはその日の気象条件に左右されるため、確実に死ねないことが多い。下手をすると重いやけどが残った形で生き残ることになるため、本気で自殺したい人が、この手段を選ぶケースはほとんどないとも言われている。

噴飯ものの痴呆説

自殺説より、さらにひどいと感じたのが痴呆説だった。

警察の発表によると、兆治さんは2階の壁に背をもたれかけて、上半身を起こした状態で発見されている。うがった見方をする人のなかには、そこに着目して、兆治さんは痴呆が進んでいたため、自分でたばこの始末ができなくなり、それがもとで亡くなったと想像している。

この説を唱える人に聞きたいのだが、兆治さんが痴呆症になったという根拠はどこから来ているのだろう。死者は口がきけないので、何でもありだと思ってやっているのだとすれば、それはひどい冒涜行為であり容認できない。

兆治さんは、痴呆でも認知症でもなかった。亡くなる3カ月前の2022年8月、私の住む佐渡市で離島甲子園が開催された際、来島した兆治さんに会ってたっぷり話をする機会があった。

大会初日に会いに行ったとき、兆治さんはメイン会場となった市営畑野野球場のネット裏にある大会役員室に陣取っていて、野球教室のコーチ役として来ていたロッテ時代の女房役だった袴田英利さん、守備の要だった水上善雄さん、西武、ヤクルトの主砲だった鈴木健さんの3人に囲まれるようにして、ゲームを見守っていたが、私の顔を見ると横の席に座るように命じて、あれこれ話し始めたので、袴田さんたちも交えて1時間近く話に花が咲いた。

兆治さんは72歳になっていた。だが、その体型は現役時代とまったく変わらず、話しぶりも闊達そのもの。

その姿を見て袴田さんは、

「ホントに元気すぎるよ。70歳超えているなんて思えないよな」

笑いながらぼやいていたほどだった。

兆治さんの「教え魔」ぶりも健在で、気になる選手がいると、自分から近づいていって、時間を忘れて熱血指導を行っていた。

最終日に挨拶に行くと、兆治さんは私の顔を見るなり、「三浦、この球場のマウンドはプレートの前の土が軟らかすぎる」と言うので、大会の役員を連れてくると、兆治さんはマウンドに連れていって、硬いマウンドをつくるコツをレクチャーし始めた。

マウンドづくりの説明をするときは、野球用語だけでなく、土木用語も交えないとうまく説明できないが、兆治さんは身振り手振りを交えながら事細かに改善法を説明し続けていた。どこからみても、痴呆が進んでいた可能性などゼロだと断言できる。

私自身、兆治さんは警察の推定通りに、寝たばこが原因で亡くなった可能性は十分あり得ると思っている。

兆治さんは現役時代も評論家になってからも愛煙家ではあった。公衆の面前でたばこを吸う姿はあまり見せなかったと記憶しているが、ストレスが溜まると吸いたくなるようで、ダイエーのピッチングコーチ時代には喫煙量が増え、それが心筋梗塞を引き起こす原因の一つになったと聞いたことがある。

羽田空港事件のあと、かなりストレスが溜まっていたことは容易に想像がつく。そのためにたばこに手を出してしまう回数が増え、失火につながってしまったのではないだろうか。

私が第一章を珍説や奇説を強く否定することに費やしたのは、根拠のない憶測や、好奇心を刺激する奇説の方が、より多くの人に受け入れられているように思うからだ。

これが頭にこびりついている人たちには、まずはそれをそぎ落としてほしいとの思いから、兆治さんの死去に関する珍説・奇説を俎上にのせて、切り刻ませてもらった次第である。

第二章

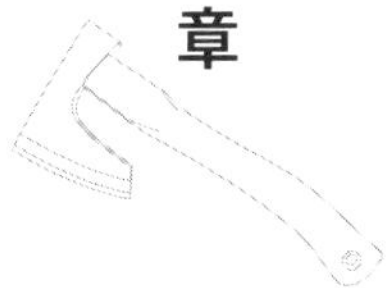

サンデー兆治への軌跡

福山電波工業高の荒れ球エース

この章では広島県の田舎町で生まれ育った野球少年・村田兆治が、エースに成長するまでの軌跡を駆け足でたどっていくことにする。それによって超個性的な「マサカリ投法」や「魔球フォーク」がどのような過程を経て誕生したかを把握していただけると思うからだ。

私が兆治さんと直に接するようになったのは、1986年にロッテ担当になってからであり、それ以前のことは、長い付き合いの中でご本人から部分的に聞くことはあったものの、時系列に沿って系統だって聞いたことはないので、日刊スポーツ時代に先輩諸氏から聞いたエピソードやメディアで報じられた事柄も踏まえてまとめてみたい。

生まれたのは広島県の豊田郡本郷町、いまの三原市である。

兆治少年がプロ野球選手になりたいという夢を抱くようになったのは、小学校5年生のとき、父親に連れられて広島市民球場で行われたナイターを観戦に行ってからだった。

たちまち野球の虜になった兆治少年は、その日以来、頭の中が「絶対に将来、プロ野球選手になる」という夢に占拠されてしまった。

体格に恵まれ、運動能力も高かった兆治少年は野球選手として着実に成長。高校は福山電波工業高校（現・近畿大学附属広島高校福山校）に進学した。１９６３年創部の新しいチームだったが、優秀な選手が集まり出しており、甲子園出場の夢を抱いての入学だった。

１年生のときから、村田の速くて重い球質のストレートは県内でも評判になっていたが、２年生の秋までは背番号「１」を着けることはなかった。１学年上に県内屈指の投手・浅野啓司がいたからだ。

村田が１年生の年（１９６５年）、浅野は2年生エースながら夏の県大会で１回戦から準決勝までの5試合、50イニングを一人で投げ抜き、失点はわずか１という驚異的な活躍を見せて決勝に進出した。最後に力尽きて広陵高に０対５で敗れはしたものの、翌年のドラフト会議でサンケイアトムズ（現在の東京ヤクルトスワローズ）から9位指名を受けプロ入りした。

この浅野のあとを受けて村田は2年生の秋からエースになり、1966年の秋季中国大会・広島県予選に臨んだ。

しかし、当時の広島県は全国屈指の野球王国で広陵高、広島商高、尾道商高など強豪校がひしめいていた。特に広陵高の実力は抜きん出ていて1967年の夏の大会で準優勝するなど戦力が充実していた。そのため、秋季大会の準々決勝で広陵高と対戦した福山電波工高は、格の違いを見せつけられ敗退。さらに翌年夏の広島県大会では、エース村田の制球難が響いて3回戦で対戦した伏兵・呉港（ごこう）高に足元をすくわれ3回戦敗退となってしまった。

こうして甲子園に出場する夢は、ゴールのはるか手前で頓挫した。

一方で、すでにプロスカウトの間では「高校生では西日本NO・1の速球投手」という評価が定着していた。

ドラフト会議が近づくと地元の野球関係者を通じて、地元・広島カープがドラフト1位で指名することを検討しているという情報がもたらされた。そのときはあのカープのユニフォームを着られると思い、胸が高鳴ったが、ドラフトのルールがその夢の前に立ちはだかることになる。

当時のドラフト会議は、まず12球団で予備抽選を行って指名順位を決める方式がとられていた。

予備抽選の結果が出た瞬間、村田がカープのユニフォームを着る夢は絶望的になっていた。カープの指名順位は12番目だったのだ。

村田を1位指名したのは6番目の指名権を得た東京オリオンズだった。

オリオンズは以前から村田にご執心だったわけではない。村田が指名されたのは、1位指名の人選を一任された濃人渉監督が、責任の重さがプレッシャーになって誰にするか、土壇場で考えがまとまらなくなり、植村義信投手コーチを呼び寄せて「お前が決めてくれ」という流れになったからだ。

このことが村田の運命を決めた。

人選を任された植村コーチは、映像を見たとき、速球の威力に衝撃を受けていたので、監督に「村田兆治」を指名するよう進言。同監督がそれを了承し村田の1位指名でのオリオンズ入りが決まった。

ご両親は指名球団が広島カープでなかったことに落胆し、大学に進学した方がいいのではないかと言い出したようだが、村田は1位で指名された場合、どの球団であっても入団すると心に決めていたので、「プロに行かせてほしい。4年間必死にやって、それでダメなら野球から足を洗うから」と期限まで切って両親を説得。オリオンズ入団が決まった。

あきれ果てたノーコン

プロ生活をスタートさせて早々、村田は厳しい現実に突き当たることになる。

入りたてのころから村田のストレートの威力が凄まじく、当時を知る記者たちは異口同音に、「もし当時スピードガンがあればゆうに150キロを超えていたのは確実」と語るが、このストレートは、ど真ん中を狙って投げ込んでも、どこにいくかわからない暴れ馬だった。

1位指名の期待のルーキーということでハワイキャンプのメンバーに入ったが、そこで、さっそく村田は、信じられないような逸話を作ってしまう。

キャンプ中はピッチャーがマウンドに立って自軍の打者を相手に投げるフリー打撃練習がメニューに組み込まれている。投げる方はバッティングピッチャーをやるのだから打者が打てるボールを投げないといけないのだが、村田はど真ん中めがけてストレートを投げているのに、ストライクゾーンになかなか入らない。

ひどいときは上に大きくそれ、打撃ケージの上を通過しバックネットを直撃するケースもあった。まだ駆け出し記者だったころ、私はこの話をロッテ担当だった先輩から聞かされたのだが、にわかには信じられず「ウソでしょ」と思わず聞き返してしまった。

このあきれたノーコンぶりに加え、キャンプ中に足首を捻挫するアクシデントがあったため、その後は別メニューになってしまい、マスコミから「今年のドラフト1位は不作」と叩かれた。
これでは一軍のメンバーに割って入れるはずもない。

その年のオリオンズには、前年までに通算259勝している正確無比のコントロールで知られる小山正明、同じく88勝していた下手投げの技巧派・坂井勝二、エースに成長することを期待されるようになった4年目の成田文男と3年目の木樽正明がいた。先発ローテーションの顔ぶれは球界でも屈指の高いレベルになっており、ストライクが入らない高卒ルーキーが割って入る隙はどこにもなかった。結局、ルーキーイヤーの1968年は、一軍では3試合に中継ぎ登板しただけで0勝1敗という数字に終わった。

しかし、球団名が東京オリオンズからロッテオリオンズに変わった2年目は、ベーシックなプロの投球術を身に付けたことや、速球の威力がさらに増したことなどで一

▲プロ2年目。若かりし日の村田兆治

軍に定着できるようになり、初めはリリーフで投げていたが、5月23日の南海戦でプロ初先発を完封勝利で飾ってからは、先発で使われることが多くなった。

この年は結局先発で20試合、リリーフで17試合に登板し6勝8敗、防御率3・58という数字をマーク。イニング数も146回3分の1に達し、2年目で規定投球回を超えた。

ただ荒れ球は相変わらずで、日によって制球のバラつきが大きいため、いい日と悪い日のギャップが極端で、完封勝利が5回もある一方で、ダメな日は四球を連発して失点が多い展開になるため勝ち星より負け数の方が多く、与四球80はリーグワーストだった。

とはいえ、この年の活躍は大器の片鱗をうかがわせるものであり、3年目の1970年は大いに期待された。

この年は二人のエース、成田が25勝、木樽が21勝し、さらに大ベテランの小山も完全復活して16勝したため、ロッテは勝ち星を80まで伸ばして、ぶっちぎりでリーグ優勝を果たした。

しかし、期待が大きかった村田は蚊帳の外で、先発で起用されても、立ち上がりの制球が不安定で、早い回に何度もＫＯされたため、首脳陣の信頼を失い二軍落ちも経験。先発登板数は12試合にとどまり（総登板数は21）、5勝6敗、防御率4・78という冴えない数字に終わった。

全盛期の巨人との対戦になった日本シリーズは三本柱の奮闘むなしく1勝4敗で日本一を逸したが、首脳陣の信頼を失っていた村田に登板チャンスが巡ってくることはなかった。

伸び悩んだ村田は思い切って投球フォームを改造する決断をした。狙いは、制球力の向上ではなく、最大の武器である速球をさらにパワーアップすることにあった。

不器用さが生んだ超個性的な投球フォーム

村田は融通の利かない性格である。誰かのフォームを土台にしてマイナーチェンジを加えていくような器用な真似はできないし、する気もない。独自のピッチング理論をもとに、理想とするフォームのイメージを作り上げていくことにこだわった。

出来上がったフォームは、かなり個性的なものになった。

まず両腕を真っすぐ伸ばして大きく振りかぶり、お尻をバッターの方に突き出しながら左足を高く上げ、軸足（右足）のヒザをほぼ直角に曲げ、ボールを持つ右手が地面に付く寸前まで右肩を下げる。そして、目いっぱい右サイドにため込んだパワーを一気に吐き出すように、左足を大きく踏み出しながら体全体を使って腕を振り切り真上から投げ下ろす。

村田本人が「自分の不器用さが生み出した投げ方」と語っているように、誰一人として思いつかないような異様な投球フォームだった。

翌1971年のキャンプでは、この投球フォームを完成させることに集中した。

キャンプの宿舎となったホテルでは、三本柱の一角をなす木樽と相部屋だったが、村田の頭の中は新フォームのことで埋め尽くされ、夜中に熟睡している木樽を起こして「先輩、ちょっと見てくれませんか？」と言うなり、新フォームを見てもらおうとシャドーピッチングを始めた。オーソドックスなフォームに定評のあった先輩エースは一目見るなり、

「カッコ悪いな」

という率直な感想を述べて、すぐにまた寝入ってしまったという。チームメートやファンからも笑われ「タコ踊り」と言われたこともあった。

だが村田は自分の信じる道を突き進んだ。

周囲の目を気にすることもなく、キャンプでは新フォームを固めることに専念。このフォームは強靭な下半身を必要とする変則フォームであるため、他を圧倒する量の走り込みを続け、柔軟性を増すトレーニングにも少なからぬ時間を割いた。

この斧を真上から振り下ろすような変則投法は「マサカリ投法」と呼ばれるようになり、大きな飛躍につながった。

4年目の1971年は自己最多の43試合に登板。先発ローテーションの一角に食い

込んだため、投球回は200イニングに迫り（194回3分の1）、初めて2ケタ勝利（12勝8敗）を達成した。

これでエース候補に名乗りを上げたわけだが、その後の2年間は故障もあり、いずれも2ケタ勝利に届かなかった。

再び2ケタ勝利（12勝10敗）をマークしたのは1974年シーズンのことだ。

この年は、32試合に登板したうち、28試合は先発で起用され、リリーフで使われたのは4試合に留まったが、就任2年目の金田正一監督から厚く信頼されるようになったため、阪急と対戦したプレーオフでは1点差で迎えた8回二死から抑え役として起用されセーブを挙げると、大手がかかった第3戦では先発で起用され、強力な阪急打線を3安打完封してパ・リーグ優勝に多大な貢献をした。

日本シリーズMVP

さらに中日と対戦した日本シリーズでも、金田監督は村田を先発とリリーフの両面でフル活用。第1戦、第2戦、第4戦では抑え役として起用したが、ロッテの3勝2敗で迎えた第6戦では先発で起用。ここでも村田は監督の期待に応える力投を見せ、3回と6回に1点ずつ失ったものの、延長10回まで一人で投げ切り胴上げ投手になった。

この活躍で村田は日本シリーズの最優秀選手に選出され、村田の「マサカリ投法」は全国の野球ファンに広く知られるようになった。

この活躍で村田は翌1975年にはエースにのし上がる。金田監督は前年に大舞台で先発とリリーフの両面で華々しい活躍をした村田を、この年も先発とリリーフでフル回転させたため、先発で17試合、リリーフで22試合に登板。両方合わせた成績は9勝12敗だったが、13セーブと防御率2・20はパ・リーグでトップの数字だった。

翌1976年は2年前から投げ始めたフォークボールが大きな武器になったことで、

村田はパ・リーグを代表する投手の一人と見なされるようになる。

この年も金田監督は村田を先発とリリーフでフル回転させたため、先発で24試合、リリーフで22試合に登板。先発では24試合中18試合を一人で投げ切り14勝を挙げた。(うち5つが完封勝)。

リリーフではゲームの中盤から登板して3イニング以上投げるロングリリーフで使われることが多かったため、こちらでも7勝し、勝ち星は合わせて21になり、初めて20勝投手になった。

さらに8月以降、先発で好投が続いたため防御率は8月中旬に2点台から1点台になり最終的に1・82という見事な数字をマーク。この年はフォークボールの多投で三振をハイペースで奪えるようになったため奪三振数も202にまで伸び、最優秀防御率と最多奪三振のタイトルを獲得した。

フォークボールは一朝一夕に習得できたものではない。

真っ向上段から腕を振り下ろす「マサカリ投法」で投げるようになってから、自分のウイニングショットはこれだ、と言えるような球種を持ちたいと思うようになった。それまでもスライダーとカーブは投げていたので、まず、この二つの改良に取り組んでみたが、マサカリ投法との相性が良くなかった。

次にトライしたのがフォークボールだった。

このボールはプロ入りした後、首脳陣から「球威が落ちるから」という理由で、投げることを禁じられていたため、遊びで投げる程度だったが真っ向から投げ下ろす、自分の投球フォームとは相性がいいという感覚があった。

フォークの名人・村山実がくれた貴重な助言

フォークボールを習得しようと心に決めた当初、村田の視線の先にいたのは阪急のエース米田哲也だった。

米田は当時、パ・リーグ随一のフォークの使い手という評価が定まっていたため、村田はなんとか、うまく投げる秘訣を盗めないものかと、阪急戦があるたびに米田の動きをくまなく追い続けた。

その結果、名手米田はしょっちゅうボールを待ち歩き、右手の人差し指と中指の間に挟んでは、それを左手で引き抜こうとする動きを繰り返していた。すぐさま真似をすることにした。


しかし、それを習慣化したからといって、途中まで速球のような軌道で行って大きく落ちる納得のいくフォークを常時投げられるようにはならない。試行錯誤が続いたが、そんな折、貴重なアドバイスをくれたのが元阪神の大エースでフォークの名手だった村山実だった。

「僕は、フォークを練習するために24時間、ありとあらゆるときにボールを握っていたよ。トコトンやることで、自信も植え付けられるんだよ」

その言葉を脳裏に焼き付けた村田は、朝から晩までなんでもかんでも2本の指で挟み続けた。

あるときは一升瓶や鉄アレイを人差し指と中指で挟んで持ち上げ、コーヒーカップを持ったときには、それを2本の指で挟んだ。食事の最中に隣の椅子を2本の指で持ち上げたこともあった。さらに移動中はポケットに忍ばせたボールを挟み続けた。そして寝るときは、ボールを挟んだ2本の指をヒモで縛りつけてベッドに入った。

それから10年以上も後のことになるが、番記者になりたてのころの私は、そんな逸話に半信半疑だったので1月にロッテの投手陣による沖縄自主トレを取材に行った際、一緒にお茶を飲みながら、

「兆治さん、フォーク習得のために、いろんなことをやったと聞いてますが、あれってすべて本当ですか？」

と不躾な問いを投げかけてみた。

すると兆治さんはニヤニヤしながら、ポケットからボールを取り出し、人差し指と中指の間に挟み込んだ。

「このボールを抜けるかやってみろよ」

「やっていいんですか？」

と言いながら、力を入れて右手で引き抜こうとした。しかしボールは微動だにしな

かった。今度は両手でボールをつかんで、目一杯力んでみたが、まったく動かなかった。

「これでわかったかな?」

という声とともに、ボールはポケットに戻っていた。

このようにボールを挟む力を極限まで鍛えたことでフォークボールは、打者が来るとわかっていても空振りしてしまう強力な武器に進化していった。

それによって押しも押されぬエースになった村田は、1977年も先発とリリーフの両面で使われて17勝を挙げ、180奪三振で2年連続の奪三振王にもなった。この年、ロッテは後期優勝してプレーオフに進出したが(2勝3敗で敗退)、これは村田がオールスター明けから獅子奮迅の働きを見せたことで実現したことだった。

翌1978年は勝ち運に恵まれなかったこともあって14勝に終わったが、完投した試合が17もあり投球内容はエースの名に恥じないものだった。この年の14勝はロッテの投手陣では唯一の2ケタ勝利でもあった。

山内一弘監督1年目の1979年は、先発陣のコマが極端に不足していたため孤軍奮闘。リーグ最多の32試合に先発したほかリリーフでも5試合に登板し、17勝と2セーブをマーク。投球イニング数255回と奪三振230個はリーグ最多だった。

しかし翌1980年は不本意なシーズンになった。

この年の序盤は制球が定まらず失点が多かったが6月に入って持ち直し、ロッテの前期優勝に貢献したものの、後期は肩痛に悩まされて登板数が減少し、2勝しかできなかった。さらに9月に入って練習中に右足を捻挫したためプレーオフに登板できないままシーズンを終えることになった。

結局この年は通年で9勝に終わったが、この1ケタ勝利に終わった屈辱を巻き返しのエネルギーに変える。

翌1981年は出だしから好調で出るたびに勝ち星がつく展開になり11連勝してチームを前期優勝に導いた。後半はやや息切れしたものの、それでも通年で19勝して初めて最多勝のタイトルを獲得。奪三振154もリーグ最多だった。

1976年以降、村田はチームの大黒柱として先発とリリーフにフル回転し続けたが、オーナー企業のロッテがチームを強くすることや観客動員を増やすことに不熱心であるため、年を追うごとに球団の経営方針に不満が大きくなった。

それが最初に爆発したのは1978年のシーズン終了後に行われた契約更改の席だった。師と慕う金田監督がBクラス（4位）に終わった責任を取らされて解任されたことに納得がいかなかった村田は、Bクラスに沈んだのは監督のせいではなく、投手力の整備を怠りコマ不足のまま放置する球団の経営姿勢に問題があるとして、球団首脳にその思いをストレートにぶつけたのだ。

それからはオフの契約更改交渉のたびに、松井静郎球団社長らに、

「本当にチームの戦力を強化する気があるんですか？　強くする気がないのなら、自分をトレードに出してくれませんか」

と要求したため、更改が行われるたびにマスコミを賑わすようになった。選手にとって球団批判がタブーであることは百も承知だが、村田には、俺はこれだけ球団のために働いているのだからという自負があり、怖いものは何もなかった。

閑古鳥の鳴く球場で戦い続けることに対する不満をストレートに球団首脳にぶつけ

ることもあったが、このときはチームの全選手の気持ちを代弁しているという思いが強かったため食い下がることが多く、球団幹部から納得のいく答えが返ってくるまで引き下がらなかった。

壊れてしまった肘

1981年に19勝して最多勝に輝いた村田の右肘が、悲鳴を上げたのは翌1982年のシーズンが始まってひと月半が経過したころだった。

このシーズンは4月3日の開幕戦(対南海)で5失点しながらも完投勝利を飾ると、中4日で登板した4月8日と13日の西武戦では2試合連続で完封勝利。5月7日の日本ハム戦では4勝目を挙げて通算160勝を記録した。

出だし順調に見えたこのシーズンは5月17日に暗転する。この日は近鉄戦だったが、初回、三番打者のヴィクター・ハリスに投げているとき、右肘に激痛が走ったのだ。

痛みに耐えきれず、村田はわずか1イニングを投げただけでマウンドを降りてしまった。このとき、私は西武ライオンズを担当していた。デスクから「村田、右肘重症。長期離脱か」という報がもたらされたのは、翌18日の試合前練習のときだった。

初めて経験する右肘の激痛に村田は絶望的な気持ちになり、

「一本の糸が切れた感じ。選手生命が終わっちゃうかもな」

と打ちひしがれているという。

すぐさまチームの練習を見守っていた広岡達朗監督のもとに走った。

期待されて西武ライオンズを率いながら、いきなりマサカリ投法に連続完封を喫しているので同監督の反応コメントは必須だった。

村田重症を知らされていた広岡監督は、こちらの質問に、

「そりゃあ、打てるわけがないよな。肘がぶっ壊れるほど強い腕の振りで投げ込んできた球を打てるわけない。打てるわけないよ」と自分に言い聞かせるような口調で話した。ひと月前、2試合連続で村田に圧倒される自軍打線を、成す術もなく見守るしかなかった敵将ならではの言葉だった。

広岡監督は、もう一度、

「打てるわけないよ」

と呟くように言うと、私の方に目を向け、

「そう思わないか？」

と同意を求めた。こちらが軽くうなずくと、

「それほどのピッチャーなんだよ、村田は。少しでも早く治してマウンドに戻ってきてくれることを願いますよ」

とエールを送った。


32歳。エースの長い長い戦いが始まった。

今でこそ日本には優秀なスポーツ整形外科医が大勢いるが、当時はほとんど未開拓と言っていい分野だった。しかもまだ最先端の検査器具がない時代なので、肘の痛みの原因が靱帯の損傷によるものであることを言い当てたところは一つもなかった。

原因がわからないと治療法も見えてこない。痛みは引かず、肘の周囲は大きく腫れ

上がったままだった。

医師から異常がないと言われても、現実に強い痛みがあり、手でタオルを持つことさえできないのだから、村田は精神的に追い詰められ、藁にもすがる思いで、いいと聞けばどんなものでも試してみた。

その中には焼酎を患部に塗り込んで行うマッサージや、マムシの毒を使う治療法もあったが、何の効果も見られなかった。焦る気持ちを静めるため和歌山県白浜町のお水場・十九渕で座禅を組み、深夜に白衣をまとって滝に打たれたこともあった。何か苦境を脱するヒントになるものがあるかもしれないと思い立ち、宮本武蔵の『五輪書』をむさぼるように読んだこともあった。

しかし、何をやっても結果は同じで、肘の痛みは引かなかったし、焦る気持ちが静まることもなかった。肘の痛みが「右肘の靱帯損傷」によるものではないか、と言われたのは年が明けて1983年になってからだ。

ジョーブ博士が考案した奇跡の手術

医師の説明を聞いて、村田は目の前が真っ暗になった。

このケガはまだ有効な治療法が見つかっていないうえ、いくら安静にしていても自然治癒が望めないというのだ。ピッチャーとして死刑宣告を受けたに等しいが、それでもあきらめなかった。米国で数年前に考案された最先端の肘の手術を受ければ、再びマウンドに立てる可能性はあると思ったのだ。

その手術は、損傷した右肘の靱帯を切除し、そこに自分の体の別な部位の靱帯を切り取って移植して繋ぎ合わせる、最先端の移植手術だった。考案したのはメジャーリーグ・ドジャースのチームドクター、フランク・ジョーブ博士である。

博士は9年前の１９７４年に当時ドジャースに在籍していたトミー・ジョンという左腕投手が肘の靱帯を損傷した際、初めてこの手術を実施。

結果は上々で、トミー・ジョンは1年半後の１９７６年4月にメジャーのマウンドに復帰、その年10勝してカムバック賞に輝くと、翌77年には自身初の20勝をマークしたため、この手術は肘を壊して再起不能になった投手を救う画期的な治療法と賞賛された。

今でこそ成功確率の高い、ありふれた手術になったが、1983年当時は、まだ症例が少なく、リハビリ法も確立されていなかったので、成功例はわずかしかなかった。日本の投手では同じロッテの三井雅晴がただひとり、肘を壊して投手生命の危機に瀕した1978年にこの手術を受けているが、復帰後、球速が戻らず苦労していたので手術の結果は明らかに失敗だった。

それでも、この手術を受けてみようという思いは変わらなかった。いや、それしか選択肢がなかったのだ。

1983年8月、村田はロサンゼルスに飛んで、フランク・ジョーブ博士が院長を務めるスポーツ整形外科のクリニックを訪ね診察を受けた。

レントゲンで患部の状態をつぶさに見た博士は、

「肘の靱帯が切れています。移植手術しか回復の方法はありません」

と淡々とした口調で伝えたうえで、

「この手術は、技術的にそう難しいものではないんです。重要なのは、早く復帰したいと焦る気持ちをこらえて、じっくりリハビリをできるかどうか、なんです」
と諭すように言った。

いったん日本に戻ると、村田はロサンゼルスで当面必要になるものを携えて再渡米した。それてジョーブ博士の執刀で「トミー・ジョン手術」と呼ばれるようになった肘の靭帯を移植する手術を受けた。

博士からは「手術自体は難しくない」と言われていたが、失敗すれば選手生命が終わる。手術前日までは不安でいっぱいだったし、ピッチャーの最重要パーツである肘にメスが入ることへの恐怖感もあった。しかし、そうした思いは手術前日までに消え、8月24日の手術当日は、米国のスポーツ医学の頂点に立つジョーブ博士に選手生命を託したのだから、あとはなるようにしかならないと腹をくくって手術室に入った。

全身麻酔で行われた手術は3時間ほどで無事終了した。

つらいリハビリ

麻酔から覚めると、ジョーブ博士から「手術は成功でしたよ」と伝えられたが、これは第一関門を通過したに過ぎず、その後は長く辛いリハビリが待ち受けていた。

術後5週間くらいが経過したころ右腕を固定していたギプスが外され、帰国してジョーブ博士から与えられたプログラムに沿って本格的なリハビリが始まった。

そのプログラムには、術後何日か経過した時点で、どんなトレーニングを始めるか、こと細かに記されていて、短縮して前に進むことは原則禁じられており、何か問題が生じたら独断で解決せず、相談するように言われていた。

初めは肘の曲げ伸ばしや可動域を広げるトレーニングだったが、肘は術後1カ月以上固定されていたため、ちょっと動かしただけで激痛が走った。しかも、この可動域を広げるトレーニングは、初めのうちは一進一退を繰り返すため、良くなっているという実感が湧かずイライラが募った。それでもやり続けているうちに一進一退が二進一退になり、4カ月目に入るころには、可動域が目標としていたレベルに広がったの

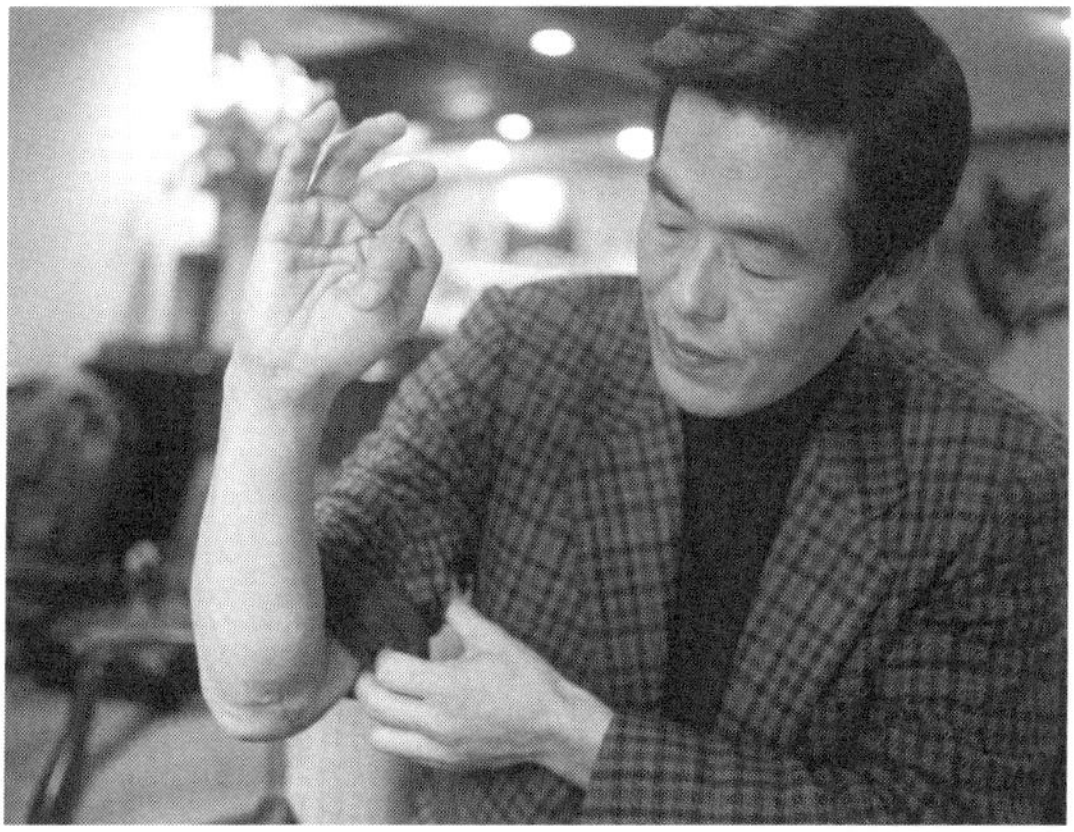

▲右肘に残された手術の跡。懸命のリハビリで復活を目指した

で、ボールを持ってネットに投げるトレーニングに切り替わった。

ボールと言っても、いきなり硬式球でやると負荷が大きすぎるので、初めは柔らかい軟式テニスボールを握って握力を少しずつ高めていく。

キャッチボールが可能になるのは術後5カ月目からだ。間隔は10メートルくらいから始めるのだが、小学校に上がりたての子どもでさえ、真っすぐにノーバウンドで投げられるこの距離を、天下の大エースがまともに投げられなかった。

ボールは大きくそれただけでなく、山なりの軌道になってキャッチボールの相手をしていたトレーナーの少し手前に落下、ツーバウンドでようやく相手のグラブに収まった。これをやり続けると、キャッチボールの間隔が15メートルに広がり、一回当たりの時間も10分から15分に増えた。このように少しずつキャッチボールの間隔を広げ、時間も増やしていった結果、2カ月くらいでキャッチボールの間隔は60メートルまで広がった。

これが終わるとリハビリは「マウンドからのピッチング」に入る。マウンドから投げると言っても、登板を控えたリリーフ投手のようにフルパワーでキャッチャーミットめがけて投げ込むわけではない。そんなことをしたら、たちどころに肘に大きな負担がかかり激痛が走る。下手をすると、肘が大きなダメージを受け手術の成果が台無しになる恐れもある。

村田はそれを避けるため、マウンドからのピッチングが始まると、左手を右肘に当てて「再建途上の肘」と言葉のない会話を交わして痛みが出ない範囲を探りながら投げるようになった。それでも痛みは頻繁に出たが、一時的に肘の状態が悪くなることはあっても、それが収まれば、より大きく前進して前に進んでいくという感じでリハビリは進行していった。

マウンドからのピッチングで最初に取り組んだのは速球の威力を回復することだったが、腕を強く振って投げられないうちは、速球を投げているのに、チェンジアップより遅いボールしか投げられなかった。フォークボールも同様で、初めは恐る恐る投げていたため、スピードのない、まったく落ちないボールになった。それでも続けているうちに耐性ができ、痛みが出ずに球速が少しずつ上がっていった。

サンデー兆治

村田兆治が一軍のマウンドに復帰したのは、この年の8月12日のことである。場所は札幌円山球場で対戦相手は西武ライオンズ。登板したのはチームが16点差をつけてリードしていた9回表だった。二軍で3試合に登板し6イニングで四死球を5つも出していたので、制球に大きな不安を抱えてのマウンドだった。それに加え、痛みも残っていたため、右肘の感覚を確かめながらのピッチングになったが、村田は速球主体のピッチングで3人の打者を凡フライ2つと遊ゴロに仕留め、1イニングを9球で片付けた。

まずは無難な再起のマウンドとなり、メディアは「マサカリ兆治復活」「奇跡の男だ！」と大見出しを付けて報じた。それに対し村田は、長いブランクの末に復活できたことを喜ぶ言葉を口にしながらも、自分にとって「復活」という言葉は、先発で完投勝利してチームに貢献することなので、本当の意味での「復活」は来シーズンになると断言した。

それから閉幕までに村田は5試合に登板したが、最後の登板は志願して先発で投げ、68球を投げて次のシーズンに繋げた。

翌1985年のシーズンは、「マサカリ兆治」が真の復活を遂げた奇跡の年になった。時間の経過とともに、球威を大方取り戻していた村田は、春季キャンプから順調な調整を続けオープン戦でも好投を続けた。それを見て就任2年目の稲尾和久監督は、いったんは開幕投手に村田を指名するという考えに傾いたと言われている。

この考えは佐藤道郎ピッチングコーチが、

「兆治は意気に感じて張り切るタイプだから、そこから来る力みなんかで、万が一肘の故障が再発したら、取り返しのつかないことになる」

とリスクの大きさを危惧して反対したため実現せず、村田の初登板は開幕第5戦(日曜）の4月7日になった。しかもこの試合は途中から激しい雨が降り出し、復活を期して先発したにもかかわらず無情にも降雨ノーゲームとなった。

出直しとなった2度目の先発登板は中6日空けた4月14日の日曜日になった。このときは事実上の予告先発になったため、いつも閑古鳥が鳴いている本拠・川崎球場に復活勝利を期待する2万1000人のファンが詰めかけた。

対戦するのは広岡達朗監督率いる西武ライオンズだった。右肘を故障する前に連続完封をやってのけた相手が西武なら、前年の8月12日に復帰登板したときの相手も西武だった。

この因縁めいた巡り合わせがあるチーム相手に、村田は立ち上がりから全盛期さながらの速球とフォークボールを主体にしたパワーピッチングで西武打線を7回まで無失点に抑え込んだ。稲尾監督は佐藤ピッチングコーチから球数がもうじき100球になることを知らされたので、ベンチに戻った村田を笑顔で迎え、ねぎらいの言葉をかけた後、

▲1985年4月14日の西武戦（川崎）で完投勝利。復活の白星を手にした

「あとはブルペンの連中に任せろや」

と交代させる意向であることを伝えた。

球数がまだ100球に達していないのに、監督が投手コーチから球数を聞いて交代を決めたのは、ジョーブ博士から、村田本人だけでなく首脳陣にも、

「球数は最大100球までにしていただきたい」

という要請が来ていたからだ。それ以上投げると大きなリスクを伴うことも伝えられていたため、監督も投手コーチもそれに従うしかないという気持ちだったのだ。

この試合は、ゲーム前にホームランで援護することを約束していた三冠男・落合博満が2発放ったこともあって十分な援護点があり、勝ち投手になることは確実だったが、先発完投に大きなこだわりを持つ男は、マウンドを降りる気などサラサラなく続投を志願し8回のマウンドにも立った。

そのイニングの途中で110球になったため、稲尾監督はこれ以上投げさせるのは危険と判断し交代を決断したが村田は、

「俺はこの日のために耐え、頑張ってきたんです。この試合を俺にください」

とそれを拒否。指揮官はその気迫に押されて続投を許した。

すでに右腕がしびれ始めていたが、そのことを隠し通して村田は西武打線と対峙し続け、155球も投げて完投勝利を飾った。そこまで球数が膨らんだのは、制球がまだ回復途上のため与四球が7個もあったからだ。被安打も7本あったが、それでも2失点に抑え切ったのは、気迫が勝っていたからだ。

この勝利は1982年5月7日の日本ハム戦以来3年ぶりとなるものだったが、この白星が呼び水となって、その後は勝利の女神が微笑み続ける展開になった。

肘の故障再発を防止するため、その後は6日間隔をあけての先発登板となったため、日曜日の試合に先発することが続いたが、5月26日までその日曜日の登板では好投が続いて7連勝したため、村田の異名は「マサカリ兆治」から「サンデー兆治」に変わった。

雨天中止などもあったため、シーズン途中から登板日を日曜日に固定できなくなったが、その後も村田は基本的に中6日のローテーションで先発マウンドに立ち、負けなしの連勝を11まで伸ばし、日本中から称賛された。

結局このシーズンは24試合に先発して17勝5敗をマークし、カムバック賞に輝いた。内容も見事で100球以上を投じての完投が10試合もあった。

第三章

ロッテ番の目で見た大エース

西武担当からロッテ担当に

私がロッテ担当になり、奇跡の復活を遂げた男・村田兆治と密に接するようになったのはカムバック賞に輝いた翌年の1986年のことだ。

1985年の暮れ、上司からロッテ担当を命じられたときのことは、今もはっきりと覚えている。机に座って資料を整理していると、

「三浦、ちょっと来い」

と背中の方から髭面の鬼デスクの声が飛んできた。

「ハイ！　何ですか？」

と言いながら鬼デスクのもとに歩み寄ると、いきなり説教まじりの言葉が飛んできた。

「お前な、森さんに頼んだだろ。俺は、そういうやり方は大嫌いなんだよ」

「えっ、何のことですか？　意味がよくわからないのですけど」

「西武だよ、森さんに西武担当にするようにデスクにお願いしてくれませんか、と頼

んだだろう」

「そんな話、してませんよ。そもそも俺、そんなことするタイプじゃないのを知ってるじゃないですか！」

思わず強い口調で反論した。

すると鬼デスクは、ニヤつきながら話し出したのである。

その年の12月5日、広岡さんに代わって、森祇晶さんが西武ライオンズの監督に就任していた。新監督は、着任早々、新聞各社やテレビ各局を訪れて就任の挨拶まわりをした。

その一環でわが日刊スポーツの編集局にも来てくれたのだが、その応対役だったのが鬼デスクだった。

森さんが監督としての抱負などを語ったあと雑談になったが、このとき、どうやら森さんの方から、

「できたら三浦をウチの担当記者に戻してもらえないかな」

と切り出したらしい。

森さんが広岡監督の参謀役を務めていた3シーズン、私は西武担当記者で、森さんならではの深い野球論をたくさん勉強させてもらったし、広岡さんとの折り合いが悪くなった3年目は、森さんの「グチの聞き役」にもなっていた。

鬼デスクは、そんな関係を知っているので、森さんの発言を聞いた途端、三浦が仕組んだと早合点してしまったのだ。

私としては、森さんの口からそういう要望が出たのであれば、光栄なことではあるが、それ以上に、上司から、陰でちょこまか動く人間と勘繰られたことがショックで再度「そんなこと、するわけないじゃないですか」と反論すると、鬼デスクは邪推に気づいたようで「俺の勘繰りすぎだった。悪かったな」と照れ笑いを浮かべた。

納得してもらえたようなので、自分の席に戻ろうとすると、鬼デスクが手で制した。

「それでだなあ、お前の来年の担当チームはロッテだ」と告げられた。

もちろん否やはなかった。こちらとしては昔の担当に戻るより、新たなチームを取材できる方が面白味も感じるし、プロ野球を見る目も深まるからだ。

今思うと、森さんの一言で鬼デスクがなぜ、あそこまで過剰反応したのか解せない。その理由として考えられるのは、鬼デスクは私を西武担当に戻そうとしていたのだが、森さんの口から先にその話が出てしまったことで、これは何かあると勘繰って私の担当をロッテに変えたのではないか？　そう考えると辻褄が合うのだが、今となっては確認のしようがないので、話を先に進めたい。

酒仙ピッチングコーチ

ロッテ番になって最初の仕事は、1月中旬から沖縄で始まった投手陣の自主トレの取材だった。参加していたのは、一軍クラスを中心とした投手陣で、佐藤道郎ピッチングコーチやバッテリー関連のコーチたちの助言を受けながら2月1日のキャンプインに向けて汗を流していた。

その中には村田兆治の姿もあり、外野グラウンドで黙々と走り込みを続けていた。そのランニング量は、36歳になっても他の投手たちを圧倒しており、これが先発完投を可能にする驚異的なスタミナを生み出していた。

トレーニング中の集中力も他の追随を許さぬレベルで、同僚投手と雑談することはなく、近寄りがたい雰囲気を漂わせていた。

まさに孤高のエースだな。そう思いながら私は、声をかけるチャンスがないからうかがっていたが、無理だとわかったので、初日は取材の重点を佐藤ピッチングコーチに置くことにした。

同コーチは、現役時代、名リリーバーとして南海ホークスや横浜大洋ホエールズで活躍。80年シーズン限りで引退した後は、ネット裏で解説者を務めていたが、稲尾さんがロッテの監督に就任した際、請われてピッチングコーチとして入閣、再びユニフォームを着ることになった。

就任2年目の1985年シーズンは、完全復活を目指す元エース村田兆治を開幕から中6日のローテーションで起用するよう稲尾監督に進言。『サンデー兆治』誕生をアシストした。

練習の合間にベンチ近くに戻ってきたので声をかけてみた。

「今年からロッテ担当になった三浦です。いろいろ話を聞きたいのですが、どこかで時間をもらえませんか？」

　すると思わぬ答えが返ってきた。

「そうか。わかった。ただ俺は酒が入らないとうまく話せないんだよ。君は酒を飲めるのか？」と、いたずらっぽい笑顔を浮かべてこちらを見た。

「飲めます。喜んでお付き合いします」

　と返すと、すべての練習メニューが終わったあと、宿舎のホテルのレストランで取材できることになった。

　練習が終わるのは午後3時ごろだと聞いたので、指定されたレストランの入り口に立って佐藤コーチが現れるのを待った。レストランのドアは閉まっていて『準備中』の札がかかっているので、ここでは無理だなと思いながら待っているとラフな私服に着替えた佐藤コーチがやってきた。

「佐藤さん、ここ、準備中のようですけど」

　と言ってドアにかかった札を指さすと、同コーチは、

「大丈夫だよー」

と躊躇なくドアを開けて中に入っていき、「お願いねー」と言いながら、近くのテーブル席に私を誘導した。そして、

「飲むんだろ」

と言うなり目尻を下げながら奥にいた店の人に瓶ビールを注文した。

佐藤コーチとはこの日が初対面だったが、いきなりビールグラスを片手に取材することになった。

このレストランは大瓶のビールを置いてなかったので、佐藤コーチは小瓶を2本注文した。これはすぐさま空になったので、すかさず同コーチが追加注文する。

「ビール4本お願いね」

その後も同コーチは、こちらの質問に丁寧に答えてくれながら、ビールの注文を繰り返した。このときは、今年の投手陣の編成についての考え方と、復活したエース村田の今年の起用法を中心に質問していったが、ひと通りの取材が終わっても、ビール

談義は終わらなかった。長くて30分くらいかな、と思っていたものが、いつの間にか、やり取りは2時間をはるかに超え、テーブルの上のビール瓶は20本を超えていた。

タナボタで実現した村田兆治の単独取材

そんなときだった。夕食のために兆治さんがレストランに入ってきた。こちらで2人がすでにボルテージが上がっているのに気付くとニヤつきながら歩み寄ってきた。

「佐藤さん、こんな時間から酒盛りですか」

それに佐藤コーチは「おう」と応じると、

「今度日刊スポーツのロッテ担当になった三浦だ。俺に負けず酒が強いぞ」

と私の方に目をやりながら紹介した。

反射的に席を立って、名刺を差し出しながら「三浦です。これからお世話になります。こっちにいる間に、じっくり話をさせてもらえませんか?」

と初対面の兆治さんに厚かましいお願いをしてみた。

酒で赤くなった私の顔がコミカルに見えたようで、兆治さんは笑いながら、
「そうか、わかったよ」
と言ってあっさり取材を受けてくれた。そして「俺の取材はアルコールなしだよ、じゃあ、明日な」と言い残して食事会場の方に姿を消した。

タナボタで実現した単独取材は翌日実現した。その日の練習メニューをやり終えると、兆治さんはベンチ裏でこちらの取材に応じ、質問に丁寧に答えてくれた。

質問の中には、うんざりするほど訊かれたであろう肘の手術に関連したものもあったが、答えを端折るようなことはなく、私の目を見ながら真摯に答えてくれた。

前の章で、兆治さんがボールを人差し指と中指に挟んで私の前に差し出し、ありったけの力で引っ張らせたエピソードを書かせてもらったが、あれはこのときに経験したものだ。

それがロッテの番記者生活の始まりだった。当時のロッテは、優勝争いから遠ざかっていたこともあり、サンデー兆治や三冠王の落合を擁しながらも、大観衆を呼び込

むような人気はなく、本拠地の川崎球場は閑古鳥が鳴いていることが多かった。同様にマスコミにも軽く見られていて、前述のように常駐のロッテ番の記者を配置しているのは、スポーツ新聞6紙と共同通信社くらいだった。そのぶん報道陣と首脳陣や選手との距離は近かった。

2月の鹿児島鴨池キャンプは、報道陣もチームと同じホテルに宿泊できた。チームの宿泊するフロアと報道陣のフロアの区別はあったが、最上階にある展望大浴場は報道陣も自由に利用できたので、我々番記者たちは練習を終えた選手たちと、まさに裸のお付き合いをしながら、恰好の取材場所として活用することができた。こんなことは他球団では、あり得ないことだ。

稲尾監督からのモーニングコール

それに加えて稲尾監督の温厚すぎるほど温厚な人柄も独特の温もりのある雰囲気を醸し出していた。

実は、私はこのキャンプ中に、一度朝寝坊して、稲尾監督からのモーニングコールで目を覚ます、という稀有な経験をしている。

キャンプ中は、早朝に選手たちが30分ほど散歩に出かけるのが日課で、私たち報道陣も早く起きてそれに合流し、雑談を交わしながら親睦を図ることが恒例になっていた。それが終わると記者たちは全員ホテルのラウンジに移動して、稲尾監督を囲むコーヒータイムである。監督自身の口から、今シーズンの重点項目、各選手の評価、キャンプの進捗状況や問題点などを詳しく聞くことができるので、この集まりには毎回、番記者が全員出席していた。

ところがこの日に限っては、稲尾監督の右隣に一つ空席があった。姿を見せていないのは、日刊スポーツの三浦記者、つまり私だった。

前夜に鹿児島の盛り場・天文館に繰り出して飲みすぎてしまい、ホテルに帰ったあと目覚ましをセットしないままバタンキューで寝てしまったのだ。いつもなら散歩に出る時間になっても夢の中。内線電話が鳴っていることに気が付いたときも、時間が定かでないまま受話器を耳にあてた。

飛び込んできたのは、稲尾監督の声だった。

「三浦、早く降りてこい！　俺の横の席を空けて待ってるんだからな！」

こちらが「はい！」と答える間もなく電話は切れた。それで初めて寝坊したことに気付いた私は、大慌てで着替えをして部屋を飛び出した。

エレベーターを降りてラウンジに向かうと、番記者たちが勢ぞろいして監督を囲んでいた。監督の横の席だけが空いていたので、

「すいません！」

と肩をすぼめながらその席に座ると、監督がタイミングよく、

「今日のコーヒー代は、三浦持ちだな」

とジョークをかましたので、みんな大笑いした。

稲尾監督はサービス精神旺盛で、マスコミに報じてもらおうと、意表を突くアイデアを生み出すことに熱心だった。

1986年の鴨池キャンプで、試されることになったのは「イレギュラーバウンド

を生み出すトタン板」だった。キャンプ中のある日、監督は球団職員に命じて三塁側のファウルグラウンドに大きなトタン板を2枚敷かせ、それをトンカチで叩かせて無数のデコボコを付けた。さらに、その上にグラウンドの土をかけて覆うと、内野陣に招集をかけた。

どんな目的で、そのようなことをするのか皆目見当がつかないので、番記者の一人が、

「これで、何をするんですか？」

といぶかしげに尋ねると、監督はしたり顔になり、

「イレギュラーバウンドが多い川崎球場用の練習に使うんだよ」と言うやノックを始めた。

千田啓介守備コーチが打ち出すノック打球は、微妙な金属音を残しながら予期せぬ方向にバウンドし続けた。それはグラブで対応できるレベルではなく、顔や胸を直撃したため、名手・水上をはじめとする内野陣は、恐怖に駆られて腰がどんどん引けていく。結局、内野陣に恐怖を与えただけで、守備力の向上にはつながらないことが判

明したため、このトタン板というレトロな資材を使った練習はわずか10分ほどで幕となった。稲尾監督はこれがイレギュラーの多い川崎球場で、守備力を向上させる切り札になると本気で期待していたため落胆が大きく、この日は口数が少なくなった。

1日前のスポーツ紙を読みふける三冠王

なんとも明るく、オープンなチームだったが、残念ながら紙面のメーン展開を狙えるターゲットは2人しかいなかった。打では前年2度目の三冠王に輝いた落合博満。投は、もちろんサンデー兆治だった。しかも、この2人だけは何とも近寄り難いムードをまき散らしていた。

そこでまずは投打の主役の動きを徹底マークすることを日課にした。少しでも面白いネタを探そうと、どんな小さな変化も見逃すまいと動きを追い、観察を続け、コツコツと質問を投げかけ続けた。すると2人の私への対応が変わり始めた。常に近寄りがたさを漂わせていたはずの2人が、向こうの方から距離を縮めてきたのだ。

最初に近づいてきてくれたのは三冠男の方だった。キャンプインから1週間ほど経ったころだった。ホテルの自室で原稿を書いていると突然、ノックの音がした。誰だろう？　と思いながらドアを開けると、そこに立っていたのは夕食を終えたばかりの落合だった。「まだ仕事中だったか？　まあいいよな。そのまま（執筆を）続けろよ。俺は、これを読ませてもらうぞ」と言うなり、ベッドに座り込み、傍らのテーブルに置いてあったスポーツ各紙を読み始めたのだ。

当時は、今のようにインターネットも普及しておらず、各キャンプ地には紙面確認のために、1日遅れながら東京本社からすべてのスポーツ紙（首都圏版）が郵送されてきていた。落合は、その新聞を黙々と読みふける。それを背中越しに感じながら、こちらは落合の記事を書くという、何とも奇妙な光景だった。

原稿を書き終え、本社にFAX送信を完了し、デスクとの確認作業が終わると、新聞紙面に視線を落としたままの落合との雑談が始まった。絶好のチャンスだけに、聞きたかったことをぶつけてみると、簡潔で明解なコメントが返ってきた。30分ほど話したただろうか。そろそろ切り上げどきと思い、「オチさん、俺、原稿が終わったんで、夕飯を食べに行きますわ」と告げた。キャンプ中はホテルから出ないタイプと聞いていただけに、これで落合は自室に戻っていくものと思ったら大間違いだった。

「そうか。行ってこいよ。俺は、もう少しここで新聞を読ませてもらうよ。あと、その電話をちょっとだけ貸しくれるか？」と言って、キャンプ期間限定で設置していた臨時電話を指さした。そのまま部屋に居座ろうとする落合の言葉がうれしかった。三冠王が心の扉を開いてくれた気がした。

「いいですよ。自室に戻るとき、鍵はしなくても大丈夫ですから」と言い残し、フロントで他の記者と合流して食事に出かけたのだった。

一杯飲みながらの夕食を終えて部屋に戻った。もちろん落合はいなくなっており、新聞の束は元の場所に丁寧に戻されていた。「この部屋に入ってくるとは思わなかったけど、いろいろ聞けてラッキーだったな」と思いつつ床に就いたのだが、これが毎晩繰り返されることになるとは思いもよらなかった。

翌日も、翌々日も、いやそれから毎日だった。途中からはノックもなく入ってきて、原稿を書いている私に「おう、お疲れさん」と声をかけては新聞を読み始める。スポーツ各紙を読み終えても引き揚げようとしない。そのまま居座って、他愛ない雑談から野球の技術論まで交わすようになった。

三冠王からの難問クイズ

ときに、「オチさん、今日はウチの評論家が来ているので、早めに食事に出ちゃいます」と予告すると、「そうか、出かけてもいいけど部屋の鍵は開けといてくれよ」と言って、いつものルーティンを変えないだけでなく、お土産（?）まで残していた。

部屋に戻ってみると、原稿用紙の裏面に描かれたイラストが置かれ、「この図が何を意味しているか、明日までに答えを考えておけ」とのメモが残されていた。上方に描かれたマウンドのプレート板の横から線・点線・破線の3本の緩やかな曲線が伸びてきて、下方に描かれたホームベースの右角と左角ぎりぎりを横切るような図だった。ピッチャーの投球の軌道だということはわかったが、3本の線の違いがわからない。明解な答えが出ないまま寝落ちした。

翌日、いつものように部屋にやってきた落合に自分なりの答えを説明すると、「まあ50点かな」との採点だった。教えを乞うと、「この3本はな、上手投げ、横手投げ、下手投げのピッチャーそれぞれのリリースポイントから、それぞれの内外角ギリギリのストライクゾーンを通過する軌道だよ。このリリースポイントから、内外角の端っこを通過する三角ゾーンを自分でイメージするんだ。このゾーンから少しでも球がはみ出たら、それはボールになるから、見逃せばいいのさ」。これまでも「点ではなく線で打て」といった打撃論は何度も耳にしていたが、「ゾーンで打つ」と説いたのは落合が初めてだった。

「三浦、悪いが打席に立ってくれ」

落合のように部屋まで乗り込んでくることはなかったが、兆治さんの方も日がたつにつれ向こうから声をかけてくれるようになった。

最初に声をかけてくれたのは、ブルペンで調整ピッチングを見ていた兆治さんを、ずっと見ていたときだった。

こちらが質問しようとすると、その前に向こうの方から、

「今の俺のピッチング、お前にはどんな感じに見えた？」

と逆質問してきたのだ。

感じたことを2つ3つストレートに伝えると、それからは目が合えば話しかけてくれるようになった。

兆治さんを観察していて真っ先に感じたのは、徹底して自分だけのルーティンにこだわるタイプだということだ。

先発登板の前日はブルペンに入って40球程度の調整ピッチングを行う。それ自体は

▲圧倒的な練習量と探求心がマサカリ兆治を生んだ

他の投手と変わらないが、兆治さんの場合は、近くにいるチームスタッフなどに声をかけ、打席に立たせながら投げ込むのだ。より実戦に近いイメージで最終調整することにこだわっていたのだ。

実は私も、兆治さんが最終調整しているとき、打席に立たされたことがある。

１９８６年シーズンが始まって間もないころだったと思う。その日は試合がなかったため全体練習はなく、志願練習の若手が川崎球場で汗を流していた。

その中には兆治さんの姿もあった。翌日先発することが決まっていたので、調整ピッチングをするために来ていたのだ。

兆治さんは志願練習の若手とともにウォームアップとランニング練習をこなした後、一塁側のブルペンに向かった。この日は取材陣の数がまばらだったので、私一人だけなら、間近まで近づいて調整ピッチングを見ても邪魔にはされない、と読んで後をついていった。

すると、ブルペンに入ったばかりのエースの声が聞こえてきた。

「アレッ、他は誰もいないのか？」

そこにはブルペン捕手がただ1人で待っていただけで、チームスタッフは不在だった。これからチームスタッフを呼ぶには時間がかかってしまう。どうするんだろう？と思いながら眺めていると、突然、エースの視線がこちらに飛んできた。

「三浦、悪いが打席に立ってくれるか？」

予想だにしない依頼だったが、こんなチャンスはめったにあるものではない。

「ありがとうございます。立たせてもらいます」

と言って、右のバッターボックスに立った。兆治さんは、

「ストレート」

と球種をキャッチャーに伝えると、両腕を大きく振りかぶり、グッと沈み込んで右腕を真っ向振り下ろすマサカリ投法で投げ込んできた。

快速球が空気を裂く音がしてキャッチャーミットに吸い込まれた。その迫力は、ネット裏から見るそれとはまったく別ものだった。

「プロ中のプロ」の凄さを体感した瞬間だった。次はフォークかなと思って、兆治さ

んの方に目をやると、
マウンド上のエースから、大きな声で注意された。

「ダメだよ。俺の手からボールが離れた瞬間、お前はボックスの外に逃げてくれよ。もし間違えてぶつけてしまったら大変だからな」

こちらも一応は元高校球児。「大丈夫です」と応じたかったが、そうなると打席そのものから追い出されるかもしれないので、

「わかりました。そのようにします」

と返したことで、貴重な体験はまだまだ続くことになった。

「次、フォーク」

「次はカーブだ」

と球種を宣言しながらの調整ピッチングが続いた。兆治さんの手からボールが離れた瞬間、私は打席を外しながら、ミットに収まるまでボールの動きを必死に追い続けた。

約40球投げたところで、

「これで終了だ。ありがとうな」

と言われ、調整ピッチングは終了したが、こちらこそ誰もできない経験をさせていただき、本当にありがとうございました、と心の中で頭を下げた。

終わったあと、真っ先に脳裏をかすめたのは、投げる前に球種を教えてもらわなければ、怖くて立っていられなかったのではないか。そう思わずにいられないほど、速球は浮き上がり、フォークは打席の手前で急速に落ちて地面に突き刺さった。

兆治さんがご馳走してくれた極上ステーキ

兆治さんを観察していて、初めに気が付いたのは、自分だけのルーティンを決めて頑なに守ることだった。

登板日前日の夕食はホームゲームでも遠征先でも必ずステーキだった。藤井寺球場での近鉄戦を翌日に控えてロッテが大阪に遠征した際、移動中の新幹線ホームで兆治

さんと歩きながら談笑していたとき、

「一緒にメシ食べようや」

と誘っていただき、その夜、ロッテが宿舎にしているホテル内にあるステーキハウスでサーロインステーキをご馳走になったことがあった。

「登板前は必ずステーキみたいですが、ゲン担ぎみたいなものですか？」

と尋ねると、

「いや、マウンドに上がるまでの自分の流れを変えたくないんだよ。練習メニューでもなんでも、自分が決めたことはとことんやる。それを徹底することで、自分に自信を植え付けられると思っているんだ」

ルーティンを守り続けることについて尋ねると、「ツキを逃さないため」「それをやって、以前いいことがあったから」といった答えが返ってくることが多いが、兆治さんはそれが究極のメンタルトレーニングになるとみなしているのだ。なるほどと思いながら、私は、極上のサーロインを堪能させてもらった。

チーム低迷で稲尾監督解任、落合トレードへ

1986年シーズン、ロッテはスタートダッシュに失敗したことが響いて、シーズンを通して勝率が5割を超えられない状態が続いた。

稲尾監督はなんとか打開策を見出そうと、シーズンの早い段階から何度も試合後にコーチ陣を招集してミーティングを開いたが、これといった意見や提案が出ることはなかった。

そこで奇策が好きな稲尾さんは、シーズン中盤に関西方面に遠征した際、ナイターで負けたあと会議室にアルコールを用意させてコーチ陣を招集。よりリラックスした状態で、コーチ陣に打開策を出させてみることにした。

しかし結果は散々で、アルコールが入ってコーチたちの口は滑らかになったが、妙案は出ないまま。どのコーチも中身のない長広舌や愚痴に近い愚論を話し続けるだけで、時間ばかりが掛かって成果はゼロだった。

最後のコーチが話し終えたとき、時計はもうじき3時になろうとしていた。

「もうこんな時間か」

と監督が言うのを聞いてコーチたちは皆、これでお開きだと思った。しかしそれは早合点だった。それまで聞き役に徹していた稲尾監督が、コーチ陣を見回してから、

「みんなの意見は聞かせてもらった。今度は俺が話す番だ。聞いてくれるよな」

と前置きをして思いのたけを話し始めたのだ。コーチ陣は眠気をこらえて拝聴する羽目になり、朝食が始まるころになって、ミーティングはようやく終了した。


結局ロッテは、落合博満が2年連続三冠王の偉業を達成したにもかかわらず、4位に終わった。兆治さんは、防御率と奪三振数が前年より良かったにも関わらず、勝ち運にトコトン恵まれなかったため、8勝止まりだった。

とはいえ、その前の2年は連続2位だったので、稲尾監督の留任を疑う者はなかった。秋季キャンプのメニューも出来上がっており、監督がロッテ本社を訪ねて重光武雄オーナーにシーズン終了の報告を済ませれば、ほどなく秋季キャンプが始まる手はずになっていた。

しかし、予期せぬ事態が起きた。10月24日に稲尾監督が重光オーナーにシーズン終了の挨拶に赴いたところ、監督解任を申し渡されたのだ。

それを機にロッテは大荒れのオフシーズンに突入した。

稲尾監督は温厚で気さくな人柄だったためチーム内で人気があり、選手の中には、理不尽な解任に反発する者が少なくなかった。とくに、留任だと思ってオーナーに挨拶に行った監督がいきなりクビを宣告されるという、血も涙もない球団のやり口に反発したのが主砲落合博満だった。

11月4日に福岡市内で地元ファンが主催する『三冠王達成記念パーティー』が開かれたが、その集いには解任されたばかりの稲尾さんも招待されていたため、落合はこの敬愛する前監督を前に、「稲尾さんのいないロッテなら、自分もいる理由がない。もし稲尾さんと自分をセットで獲ってくれる球団があるなら、どこへでも行く」と爆弾発言を行い激震が走った。

それにより1カ月に及ぶトレード騒動が勃発。紆余曲折の末、ロッテと中日の間でトレードが成立し、落合は名古屋に去ることになった。

第四章

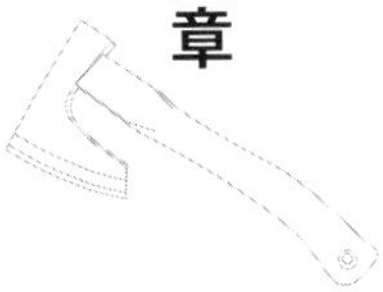

引退スクープ

川崎球場にまつわる都市伝説

稲尾監督の後任に指名されたのは、通算２０５7安打の実績がある引退したばかりの有藤通世だった。ロッテオリオンズはこのチーム生え抜きの元人気選手を指揮官に据えて、巻き返しを図ることになった。

しかし、１９８7年シーズンは落合博満を放出したことで得点力が大幅に減少し、シーズンを通して5位と最下位を行ったり来たりする展開になった。最終的に最下位は免れたものの、早い時期から大きく負け越したため消化試合が延々続くようなシーズンになった。

不振にあえぎ続けるチームを見放すかのように、客足はどんどん遠のいていった。投手・村田兆治を語るとき、いい意味でも悪い意味でも、川崎球場を抜きに語ることはできない。両翼が短く、左中間右中間の膨らみもない投手泣かせの狭い球場を13年間本拠地にしながら通算２１５勝したことは、称賛に値する。

当時の川崎球場は、現在の若い野球ファンからは想像できないほど、悪い要素がてんこ盛りになっている球場だった。その当時の笑うに笑えないエピソードをいくつか書き出してみたい。

▽川崎球場あるある①＝観客動員マジック

ナイター開催の平日は、内野席、外野席ともに見事なほどに空席だらけだった。

記者席はバックネット裏の最前列にあり、プレーする選手たちと同じグラウンドレベルの目線で試合を見られるため臨場感は抜群だった。視界を遮るものはないので一目で外野席の端から端まで見渡すことも可能だった。

試合が始まりイニングが進んでいっても客席に人はまばらで、人がいるのは応援団が１００人くらいひとかたまりになって鳴り物入りで応援している一塁側ベンチ上の一角だけだった。

試合が中だるみし出すと、番記者たちが、

「さあて、今日は何人かな?」

と言いながら、一望できる外野スタンドの観客数を数え始める。そして、

「60人くらいか」

「もうちょっといますよ」

などと言いながら、ため息をつきあうのだ。

そのうちに5回裏のロッテの攻撃が終了し試合が成立すると、広報担当者が記者席にやってくる。

「今日の観客数は7000人になります」

当然記者たちから、

「1000人がいいとこでしょ」

と突っ込みが入る。それに広報担当は苦笑いしながら、

「シーズンシートの分も数に入っていますから」

と答えてすぐに姿を消す。こんな漫才みたいなやり取りが、シーズン中に何度も繰り返された。

▽川崎球場あるある②＝車券が舞うレフトスタンド

川崎球場はレフト側外野席のフェンスの向こう側40メートルほどのところに川崎競輪場があり、競輪の開催期間中は川崎球場でゲームがあろうとなかろうと、3時ごろから8時ごろまで、何度となくジャン（あと一周を知らせる打鐘）の大音響が閑古鳥の鳴くスタンドにこだました。

ジャンが鳴るたびに見られるのは、レフト席で野球を観戦していたオッサンたちが機敏に立ち上がって競輪場が見える方にダッシュする光景だ。オッサンたちは車券を手に大声を張り上げ、負け券が宙に舞った。競輪はレースとレースの間が長いので、野球も競輪も好きなオッサンたちは、あらかじめ車券を購入したうえで、入場料が一番安い外野席に陣取りながら一石二鳥で楽しむようになっていた。

▽川崎球場あるある③＝外野席だけ無料開放の裏側

いつもはガラガラの外野席が満員になるのは7月1日の川崎市民の日が週末に重なり、デーゲーム開催となったときだ。毎年ロッテは地元へのファンサービスとして川崎市民の日を「市民感謝デー」とし、外野スタンドを市民に無料開放していた。

このときばかりは親子連れがたくさん詰めかけ、外野スタンドはすぐさま満杯になっていたが、その脇では信じられない光景が見られた。超満員なのは外野スタンドだけで、両脇の一塁側と三塁側の内野席はガラガラ。ネット裏スタンドにはそれなりのファンが詰めかけていたが、なんともシュールな景色だった。

「これだったら内野スタンドを川崎市民に開放したほうがいいのでは？」

と尋ねると球団幹部が頭を掻きながら答えてくれた。

「バックネット裏のテレビカメラから撮影すると、外野席が満員になっている方が見栄えがいいんですよ」

「無料招待された市民の方たちは、満員を演出するエキストラでもあるんですね」

と突っ込みを入れると、球団幹部がバツの悪そうな顔になり、黙ってしまった。

▽川崎球場あるある④＝トイレで行われた謎の撮影

川崎球場が完成したのは１９５２年である。

５年後の１９５７年から21年間にわたって大洋ホエールズ（現横浜ＤｅＮＡベイスターズ）が本拠地としていたが、１９７８年に完成したばかりの横浜スタジアムに移転したため、その後釜としてロッテが入った。１９７２年に東京スタジアムが閉鎖されて以来、ロッテはフランチャイズ球場を固定できないジプシー状態が続いていたので、渡りに船で川崎球場移転はすんなり決まった。

築40年近くになる球場は、動脈硬化が進んでおり、球場内のインフラが機能しなくなりつつあった。特に排水機能は末期的症状を呈しており、雨上がりの日はベンチ前を横切る排水路にヘドロが滞留して悪臭が選手たちを悩ませた。

逆に球場内のレトロな設備に目を付ける業界もあった。映画業界である。

1986年のある日、私が昼過ぎに川崎球場に到着すると、関係者用入口の近くにワンボックスカーが何台も止まっていた。何かあったのかなと思って、場内に入ってみると関係者トイレの方が何やら騒々しい。覗いてみると、左右のタイル壁に沿って並んでいる男性用便器の前に人が立っていて、それを大きなカメラで撮影していた。しばし眺めていると、どうやら映画の撮影らしい。

近くにいた関係者と思しき人に何の撮影か尋ねると「これ刑務所の中のトイレという設定で撮っているんです。なんとなく、それっぽいでしょ」と面白がっていた。

この映画作品のエンドロールには「協力・川崎球場」というクレジットが入っていたものと思うが、それを見た人は野球のシーンなんか、なかったはずだが、と首をひねったのではないだろうか。

39歳で最優秀防御率

「マサカリ兆治」は、こんな劣悪な球場環境に苛まれながらも、後輩たちを圧倒する練習をこなしながらマウンドに立ち続けた。

だが、当時のロッテフロントにはチーム強化の熱意も見えなかった。落合博満が去ったあとのチームは得点力が大幅に減少、好投しても勝ち星に結びつかない状態が続いた。1987年は21試合に登板し、5年ぶりとなる完封勝利を2度記録したものの、勝ち運に恵まれず7勝止まりだった。1988年は20試合に先発し3・89という防御率に見合った勝ち星（10勝）をゲットできたが、1989年は7勝しかできなかった。

しかし、この年は肘の手術から復帰後、投球内容が最もよかった年でもあった。通算198勝でシーズンに入ったため、兆治さんは早く2勝しようと出だしから気合が入っており、4月9日に敵地で行われた西武との開幕戦に先発し、自身初の開幕戦完封勝利をやってのけた。

これで199勝になったので、次の登板となった4月16日の近鉄戦には200勝達成の瞬間を見ようと川崎球場に多くのファンが詰めかけた。テレビ局も急遽予定を変更して実況中継を行うことになり、兆治さんは大きな注目の中で先発し好投を続けた。

このゲームでは味方の十分な得点援護がなかったため、延長戦にもつれ込んだが、兆治さんは続投を志願。11回表に失点して敗戦投手になったが、テレビ中継の視聴率が回を追うごとに上昇し、延長戦に入るころには20パーセントを超えたため、多くの野球ファンがマサカリ兆治の先発完投に対する強いこだわりと、年齢知らずの驚異的なスタミナを再認識することになった。

結局200勝を達成したのは5月13日の日本ハム戦になったが、兆治さんはその後も制球が安定、完投へのこだわりも衰えていなかったため、この年は22試合の先発で完投が16もあった（そのうち完封が3）。この年の11月に40歳になる大ベテランが、これをやってのけたのは、快挙以外の何物でもなかった。

投球内容の良し悪しを反映する数字は勝ち星ではなく防御率である。このシーズンは大量失点がほとんどなかったこともあって6月以降は防御率が概ね2点台で推移し、最終的に2・50でシーズンを終え1976年以来となる最優秀防御率のタイトルに輝いた。通算では3度目である。

エースが最優秀防御率のタイトルを獲得しながら7勝しかできないチームが、どんな状態にあるかは誰でも容易に想像がつく。この年のロッテは48勝76敗8引き分けに終わり、2年連続最下位に沈んだ。

責任を取って有藤監督が退任し、兆治さんをエースに育て上げた金田正一元監督が監督に返り咲くことになった。

こうして迎えた1990年シーズン、兆治さんは40歳になっていたが、この年も開幕投手を務め、それから3連勝の好スタートを切った。しかし、その後、にわかに失点が多くなりゲーム中盤でKOされるケースも目立ってきた。金田監督が先発陣の若返りを図ったこともあって5月下旬からはリリーフでも起用されるようになる。防御率は4点台から5点台前半で推移していた。そのため兆治さんは限界を感じるようになり引退に傾いていく。

そんな折、遊軍記者として赴いた川崎球場の駐車場で、兆治さんとの短い問答から引退をスクープする幸運に恵まれたのである。

引退記事を書く自信はあるか？

その日、ロッテは試合がなかったので、それまで遠征に帯同して出張が続いていたわが社のロッテ番記者が公休を取ることになった。そこで当時、遊軍記者（担当チームは持たない助っ人）だった私は、一部の選手たちが行う調整練習の代打取材を買って出た。参加予定メンバーの中に「村田兆治」の名があったからだ。

当時のロッテは、Bクラスの常連になってしまっていたため、各社のロッテ番記者は経験の浅い若手ばかりで、若手の研修の場みたいになっていた。

キャリアの浅い記者たちに対して、大エースは近寄りがたいムードを醸し出していた。私がその日、川崎球場に行こうと思い立ったのは、兆治さんは話をする記者がいなくて寂しがっているのではないか？　そうであれば、試合のないこの日がチャンスかもしれない——。

そんな読みがあってのことだ。

デスク（上司）には前日に「村田兆治は間違いなく引退する気がします。明日、その匂いを嗅ぎに行かせてください。本人から完全否定されるかもしれませんけど、逆にウラが取れるかもしれません」。そう言って了解を取ってあった。

グラウンドに足を踏み入れると、他社の記者が4、5人いたが、試合がないので放送関係の記者は一人もいなかった。グラウンドに目をやると、ほとんどの主力選手は休養日で、若手主体で汗を流していた。その中に目的の人はいた。

左翼と右翼のポール間を往復する走り込みをしていた。そのスピードは、相も変わらず若手投手たちを圧倒していた。これはお決まりの調整ルーティンで、そのあと、キャッチボールと遠投をやってからブルペンに入った。

そして次の先発登板に向けて40球ほどの調整ピッチングを行ってから一塁側ベンチに戻り、そのまま立ち止まることなくロッカールームに入った。

その後ゆっくりシャワーを浴びてから自分のロッカー前に戻ってきた。信じられないかもしれないが、他の球団と違って、当時の川崎球場では取材陣がロッカールームに出入りすることが黙認されていた。

兆治さんがパイプ椅子に座って私服に着替え始めたので、私は近づいて挨拶をした。

「兆治さん、どうもです」

「おう、久しぶりだなあ。全然、ロッテの取材に来ないじゃないか」

「すいません。もう少しロッテが勝ってくれると来られるんですが」

「弱くて悪かったな。ところで今日はなんだ？　試合でもないのに」

「はい、兆治さんに聞きたいことがあって来たんですけど」

そう言いながら後ろを振り向くと、入口のドアが開きっ放しになっていて他社の記者たちが顔をのぞかせていた。そりゃあ、どの社も村田兆治の進退はマークしてるよな。

そう思っていると、

「聞きたいことがあるんなら、みんな入ってきな」

と兆治さんが声をかけたので、記者たちがゾロゾロと入ってきてパイプ椅子に座る兆治さんを取り囲んだ。

番記者の取材を優先させなくてはと思い、私は後ろに退いて取材のやり取りを聞いていたが、次回の登板に向け、コンディションを問う質問などが2、3出ただけで終わってしまい、引退に絡む質問が出ないまま、しばし沈黙が流れた。

兆治さんは、じらされることが嫌いなタイプである。声のトーンを上げて、

「もう聞くことはないのか？　それなら、俺はもう帰るからな」と席を立った。

これで取材は終わった形になった。

私はなんとかして、一対一になりたかったので、ここが無理なら、夜、自宅に行くしかないかな……。そう思いながら他社に気付かれぬよう、さりげなく駐車場まで追いかけていくと、兆治さんが愛車のベンツのドアを開けたところで追いついた。


「どうした？　三浦」

「はっきり言います。兆治さんの引退を書くつもりで来ました」

「そうか。お前、書く自信はあるか？」

「あるからここにいます」

「わかった。ならあとはお前に任せる。じゃあな」

これだけのやり取りで「村田兆治引退」の1面ニュースが出来上がったのである。納得すれば託しきる。納得しなければ絶対に引き下がらない。それが村田兆治という男なのだ。

引退試合の女房役は袴田英利

兆治さんは終わり方も見事だった。

ラスト登板となったのは10月13日の西武戦である。このゲームが引退試合になることは球団から事前に発表されていたため雨天にもかかわらず川崎球場には多くのファンが詰めかけており、その声援を背に兆治さんは力投。雨が断続的に降り続く中で5回までライオンズの強力打線を無失点に抑えたところで主審がコールドゲームを宣告したため兆治さんは引退試合で完封勝利をやってのけ、自らの花道を飾った。

これは、このシーズンの10勝目で、通算の勝ち星は215まで伸びた。


試合後には引退セレモニーが行われ、兆治さんは川崎球場のマウンド中央に立てられたマイクの前に進み、まず深々と頭を下げた。

「私は今日をもってマウンドを降りることになりました。私の人生の喜びも悲しみも、すべてこのマウンドの上にありました。これまで投げ続けてこられたのも皆様のおかげです。心からお礼申し上げます。ありがとうございました」

球場中に「ムラタ」コールが巻き起こった。雨模様の中、ラスト登板のために集まった2万2000人が一つになった大合唱だった。

試合後、記者会見に臨んだ兆治さんは、記者から、まだまだやれるのではないかと問われると、

「引退を決意したのは、自分のイメージする球が投げられなくなったからですよ」

と語ったうえで、

「恥ずかしくない終わり方ができたのだから悔いはないです」

と言い切った。そこには最後の最後まで「人生先発完投」にこだわり続けてきた男の美学があった。

このゲームを最後にユニフォームを脱いだ男がもう一人いた。女房役を務めてきた袴田英利である。

袴田は法政大学時代、怪物・江川卓の女房役として活躍後、１９７７年11月のドラフトでロッテから1位指名を受けて入団。５年目の１９８２年にレギュラーへの足がかりをつかんだ。

それと入れ替わるように兆治さんが肘を壊してマウンドから消えてしまったため、常時バッテリーを組むようになったのは兆治さんが奇跡の復活を遂げた１９８５年シーズンからである。

その後は恋女房となってエースを支え続けることになるが、この村田&袴田のバッテリーには、ほかのバッテリーにはないユニークな点が一つあった。それは村田がノ

▲村田にとって現役最後の公式戦となった1990年10月13日。川崎球場でファンの大声援に応えた

ーサインで投げ続けていたことだ。

野球ファンなら、これが捕手にとってどれだけ怖いことか、容易に想像がつくはずだ。兆治さんの武器であるフォークボールはホームベース付近で急速にタテに変化して、ワンバウンドになることが多い。そのため捕手はあらかじめ知らされていないと対応できないことが多くなり、ワイルドピッチが多発する。驚いたことに、そうなるリスクを承知で、エース村田にノーサイン・ピッチングを進言したのは、捕手袴田の方だった。

理由は二つあった。当時はサイン盗みが横行していた時代である。各球団は、サインを複雑にする、あるいは、乱数表を使うという手段で、サインを盗まれないようにしていたが、そうすると投球間隔が長くなってしまい、テンポよく投げることが好投につながる投手は、成績に悪影響が出る。兆治さんはその典型であり、袴田はサイン盗みの防止のために投球間隔が長くなるよりは、ノーサインでテンポよく投げてもらう方が、ずっといいと考えた。幸い兆治さんのピッチングは大半が速球とフォークで、スライダーとカーブを使う頻度はそれほど高くないので、ワイルドピッチを最小限に抑える自信はあった。

もう一つの理由は、兆治さんは近眼で視力が0・5くらいしかなく、サインを見間違えて違うボールが来ることがよくあった。そんなときは受け損なってパスボールが記録されることになる。一時期、袴田のパスボールが多くなった時期には、口の悪い番記者から「ハカマダ」という姓をもじって「パスマダ」と揶揄されたので、袴田としては、そんなことになるよりは、ノーサインで投げてもらった方がマシという思いもあった。

袴田が、こうした背景から、ノーサイン・ピッチングを進言すると、兆治さんはすぐに受け入れ、一定期間ノーサインでやってみようということになった。するとと恐れていたほどワイルドピッチが出なかったので、ノーサインを継続することになり、それは現役最終登板となった1990年10月13日の西武戦まで続くことになった。

再登板した金田監督が主要ポジションの若返りを図ったこともあり、袴田はこのシーズン、一軍での先発出場が一度もなく、ほとんど二軍で過ごしていたが、兆治さんが現役最終登板は袴田とバッテリーを組みたいと強く希望したため、袴田は一軍に呼び戻されて大役を務め、一緒にユニフォームを脱いだ。

兆治さんは引退後もこの恋女房を手放さず、のちにライフワークとなった『離島甲子園』でも右腕として頼りきることになる。

第五章

真っ向勝負の評論家

評論家・村田兆治を担当

川崎球場での引退セレモニーから2日後、私は兆治さん宅に足を運んだ。日刊スポーツの野球評論家就任を要請するためだった。

インターホンを鳴らすと、淑子夫人の声が聞こえてきた。

「おはようございます。ニッカンの三浦です。兆治さんはいらっしゃいますか？」

「どうも、おはようございます。おりますので少しお待ちください」

淑子夫人の声から間を置くことなく兆治さんが玄関ドアを開けて顔を見せた。

「おはようございます、兆治さん。今日は、お願いしたいことがあって来ました」

「そうか、じゃあ近くの喫茶店に行ってコーヒーでも飲みながら話そうか」

一緒に兆治さん行きつけの喫茶店に向かった。私は気が急いていたので、席に着いて兆治さんがオーダーするやいなや、あらためて引退の労をねぎらうこともないまま本題を切り出した。

「今日は、会社の命を受けてきました。兆治さん、日刊スポーツの評論家になってもらえますか？」

「わかったよ。俺も、お世話になるつもりだったから」

微笑みながら二つ返事で快諾してくれた。

引き受けてくれるだろうという予感はあったが、正式な回答は後日になると思っていたので、その場で即答してくれたことがうれしかった。


それから1時間ほど、仕事の内容や条件面の概略を説明したり、来春のキャンプ取材に関する本人の希望などを聞いたりしてから、お別れした。

それから2、3日して兆治さんは、NHKの解説者になることも受諾。そのあとライバル社の記者から「ニッカン―NHKラインが出来上がっているようだな」と皮肉られたことを思い出す。

NHKと日刊スポーツの評論家を兼務する形で評論家活動を始めたのは、V9巨人の監督だった川上哲治さんが最初だが、この2年前の1988年のオフには阪急のサブマリンエースとして鳴らした山田久志さん、コンニャク打法で話題を集めた近鉄の名捕手・梨田昌孝さんも引退すると、この二つを兼務する形で評論家活動を開始。そこに兆治さんが続いたことで、ライバル紙の記者はこの二つを兼務することが定型セットになっているように見えたようだ。

もちろん、これは見当はずれな見方で88年限りで引退して日刊スポーツの解説者になった東尾修さんや、その翌年、日刊スポーツの解説陣に加わった若松勉さんは放送の方はテレビ朝日と契約している。ＮＨＫと日刊スポーツがセットということはないのだが、インパクトの大きさでは別格と言っていい村田兆治さんがＮＨＫ＋日刊スポーツを選択したため、他社にはそれがセットになっていると見えたようだ。

私は日刊スポーツの評論家になった兆治さんを担当することになった。

当時の私の立場は遊軍記者である。「遊軍」とは業界用語で、専属の担当チームを持たずにペナントレースの展開や、球界内の様々な動向に合わせながらフリーに動き回る、ある意味便利屋的な記者のことである。その遊軍記者の役目の一つにゴーストライター業務があった。

これは各評論家から聞き取った話を文章化する役目なのだが、評論家は皆さん野球観が違うため、着眼点や評価基準が異なる。話すときの口調や好んで使う言葉も違うので、文章化するときは、それぞれの個性や癖を文章に反映させる必要があった。

ゴーストライター業務で最初にやるのは、あらかじめそれぞれの評論家のイメージに合う文体を用意しておくことだ。これは想像していたより骨の折れる仕事で、「昭和生まれの明治男」と形容される兆治さんの場合は、努力、気合、精神力といった言葉が多くなる。それらをたくさん使って兆治節に仕立て上げるか、それらのフレーズをそぎ落として新たな村田兆治をアピールするか、大いに迷った末、後者でいくことにした。

評論家との打ち合わせ（評論家からのコメント聞き取り）には、だいたい3つのパターンがあった。

一つはその評論家に試合で勝敗のポイントになった場面を指摘してもらったり、選手を観察して感じた技術的な長所や短所を解説してもらって、それをテーマにして原稿をまとめ上げるパターン。

もう一つは、デスクと打ち合わせの中で、紙面展開の都合を踏まえたうえで、他の試合とテーマが重ならないよう、「今日はこのようなテーマで評論してもらえませんか」とお願いするパターンである。

もう一つは、評論家がその日、テレビやラジオ中継の解説者を務めているときは、イヤホンでそれを聞き、そこからテーマを見つけて試合終了後に評論家との打ち合わせに臨むというパターンもあった。

軌道修正が苦手だった兆治さん

この業務をやり始めてしばらくすると、評論家の皆さんは大別して2つのタイプに分けられると思うようになった。

一つは、どんなテーマにもオールマイティーに対応できるタイプで、このタイプの方は、試合後に話を聞くとき、

「今日のテーマは何にする？　やりたいものはあるか？」

と言ってくることが多い。山田久志さんや梨田昌孝さんがこのタイプだった。

なんでもござれという感じで、こちらが狙い目を説明すると、

「そうか、わかった。そのテーマだったら、ここのところを強調したいな」

などと言って細かい解説が始まるのだ。

若松さんや東尾さんは、これとは違うタイプで自分の方から、

「今日はこのテーマでやりたいけど、どう？」

と言ってくることが多かった。

その狙い目と当日の紙面展開が合致したときは、どの選手のどの部分がよかったのか、どちらの監督のどの采配がゲームの流れを変えたか、といったことを、ポイントをはっきりさせて要領よく話してくれるので、打ち合わせはスピーディーに終わり文章化も楽にできた。提案されたテーマが他球場の評論テーマとダブるようなときは、その旨を伝えて「こっちのテーマでお願いできますか」と逆提案することになるが、そんな場合でも、若松さんや東尾さんは、すぐさま気持ちを切り替えて、瞬時に考え

をまとめ、ポイントを抑えた話をしてくれた。

そんな中で、ゴーストライターとして、ちょっぴり、いや、かなり苦労させられたのが兆治さんだった。

評論家の皆さんは、ゲーム全体を俯瞰して見ていることが多い。そちらの方がゲームの流れを感じ取ることができるし、監督の作戦の意図も見えてくるので評論しやすいのだ。

このように木ではなく森を見ることを優先する評論家が多い中で、兆治さんはもの凄い集中力でゲームに見入り、見事な枝ぶりの木に目が留まると、それにオールインしてしまう傾向があった。

試合後、原稿の打ち合わせが始まると、当然のごとく「テーマはこれしかないだろ」と直球が投げ込まれてくる。その場合、兆治さんが提案したテーマで原稿を進行できれば何の問題もないのだが、紙面展開の都合でデスクから別なテーマを要求されたときは、時間がかかってしまうことがよくあった。

そもそも兆治さんはボキャブラリーが豊富なタイプではない。その一方で、生真面目な性格で、自らの思いを読者にダイレクトに伝えたいという思いがすこぶる強い。

そんなときの兆治さんとのやり取りを再現してみよう。


「すいません兆治さん。今日は、こっちのテーマでお願いしたいのですが」

「エッ、そうなのか？　俺には、それはあまりピンとこないんだけどなあ」

「申し訳ないですけど、紙面構成の都合上、今日はこっちで……」

「ウーン……。まあ、わかったよ。それについて評論すればいいんだな」


そう言いながら、こちらがお願いしたテーマに沿って話し始めるのだが、その口調は納得していないことがありありで、話を続けるうちに、内容が最初のテーマのほうにどんどん近くなっていく。

そのたびにこちらが言葉をはさんで軌道修正しながら聞いていくのだが、他の評論家と比べて、どうしても聞きとりに費やす時間が長くなり、締め切り時間が心配になったことも度々あった。

その一方で兆治さんは感情を込めて話すので、言葉の一つひとつに重みがあった。そのため、聞きとった話を文章化するときは、実際に兆治さんが使った強い言葉を可能な限り使うようにしていた。引退後、さまざまなメディアで兆治さんの波乱万丈な投手人生が特集され、兆治さんに対する関心は、引退後の方がずっと高くなっていた。そんな人の話を、文章化することはやりがいを感じる仕事でもあった。

「三浦、今年の新人王候補、見つけたよ」

評論家としての兆治さんには、一つはっきりした傾向があった。それはピッチャーに対しては褒めることがほとんどなく、厳しい評価を下すことが多かったことだ。そのようなことになるのは、どうしても自分との比較で見てしまうからだ。

現役時代、兆治さんはトレーニングやランニングに誰よりも時間を割き、日々の努力を怠らない求道者だった。そのため、キャンプ地で目にする選手たちのトレーニングや練習が物足りなく見えて仕方がない。

どうしてもっと走り込まないのか？
どうしてもっと自分の身体をいじめようとしないのか？

そうした感情が込み上げてきて、原稿の打ち合わせのときに投手たちを叱責する言葉ばかり出てくることもあった。そんなときは言葉が単調になって、集中力、気合、全力といったレトロなフレーズが多くなるので、私は、それらを極力避けながら、救いになる言葉も引き出して、バランスのいい文に仕上げるようにしていた。

その一方で、鋭い着眼点に、驚きを禁じえないこともあった。
1992年の春、私は兆治さんのキャンプ取材に同行。その日は鹿児島で行われていたロッテのキャンプを訪ねた。
屋根付きの投球練習場ではピッチャーたちが入れ代わり立ち代わり現れて投球練習

をこなしていた。その中には兆治さんの後継者になることを期待されていた剛球右腕の伊良部秀輝（のちにニューヨーク・ヤンキース入り）や、早稲田大学からドラフト1位指名で入団した頭脳派右腕の小宮山悟（のちにニューヨーク・メッツ入り）もいて報道陣の目を引き付けていた。私も、今日はこの二人のうちどちらかをテーマに兆治さんに語ってもらうことになると思っていたので、それに備えて球数や球種をメモしていた。

　すると突然、隣にいた兆治さんから肩を叩かれた。

「三浦、今年の新人王候補を見つけたよ。あれだ」

　と言ってブルペンの左隅の方で投げている投手を指さしたので、そちらに目を向けると、背番号46を着けた左ピッチャーがいた。

　急いで手にしていた選手名簿を見ると、

『河本育之（かわもと・やすゆき）、24歳、1991年ドラフト2位、新日鐵光出身、173センチ、78キロ』とある。選手の紹介文には、高校（山口・田布施工業）には軟式野球部しかなかったため、社会人になって初めて硬式野球を始めた変わり種であることや、都市対抗野球で目覚ましい活躍をしてプロ野球のスカウトたちから注目されるようになったことが、記されていた。

「見てみろ。もの凄くキレのある球を投げてるんだよ。何よりもスパイクの爪のかけ方がいいんだ。プレートにしっかりかけて投げている」

兆治さんがいきなり予想外のことを口にしたので、一瞬私は何を言ってるのかわからず「スパイクのかけ方、ですか？」と問い返した。すると兆治さんは身振り手振りを交えて一気呵成に話し出した。それをそのまま文章化すると数ページ必要になるので、話のポイントを要約すると、以下のようになる。

・最近、多くのピッチャーはマウンドのプレートに軸足（蹴り足）を並行に置いてモーションに移行している。
・しかし、それでは軸足（蹴り足）を蹴るときに生じるパワーを生かすことができない。
・パワーを生かして球威増につなげるには、スパイクの爪でプレートをしっかり噛まないといけない。
・河本は、それをしっかりやっているので、プレートを蹴るときに生じるパワーによって速くて、キレのいいボールを投げられる。

スパイクの爪のかけ方を称賛

兆治さんがいたところから河本のところまで20メートルほど距離があったが、そんな遠いところから兆治さんはスパイクの爪の動きを目で追い続けていたのだ。これには脱帽するしかなかった。

「兆治さん、それ面白いですね。今日の原稿はロッテに新人王の隠し玉がいた！　でいきませんか」

と提案すると大きくうなずき、

「いいね。じゃあ、あいつの話を聞きに行こうや」

ときたので、投球練習が終わるのを待って河本をつかまえた。ブルペン脇のベンチに座ってスパイクを脱ぎ、アップシューズに履き替えているところだった。

傍に近づいて兆治さんが、

「河本くん、ちょっと話を聞いていいか？」

と声をかけると、無名のルーキー・河本はそこにロッテの元大エースが立っているので、立ち上がり直立不動の姿勢で固まった。

「大丈夫だよ。獲って食うわけじゃないから。まあ座りながら話そうよ」

「ハイ！」

河本と一緒にベンチに座ると兆治さんは珍しく褒め言葉を連発した。

「ピッチングを見させてもらったよ。いい球を投げるねえ」

「ハイ……ありがとうございます」

緊張した面持ちで河本が頭を下げた。

「ところで、プレートにスパイクの爪をしっかり噛ませて投げていたけど、あれは誰かに教わったの？」

思いがけない質問が飛んできたので、河本が恐縮しながら問い返した。

「スパイクを……プレートに……ですか？」

「スパイクの内側の爪2本をプレートにしっかりと噛ませて投げていたんで、感心したんだよ。誰に教わったんだろって思ってね」

「あ、あれは教えてもらったわけではなく、自分でなんとなくやり始めたんです」

「自分で考えたのか。そりゃあ素晴らしいね。最近はプレートの前側に軸足のスパイクの外側を横向きに合わせるだけのピッチャーが多くなっているけど、それだとせっかく軸足を強く蹴り出してもそのパワーをボールに伝えることができない。ところが君は自分自身の感性で、スパイクの使い方を覚えたわけだ。この先、誰に何を言われようと絶対に変えちゃダメだよ」

「ハイ！　わかりました。ありがとうございます」

マサカリ兆治が見初めたこの河本育之という隠し玉サウスポーは、その予言通りペナントレースに入ると躍動した。

この年、ルーキーながら開幕から抑え役に抜てきされた河本は4月、7試合に登板して失点が一つもなく、2勝0敗4セーブをマークして月間MVPに選出された。その後も抑え役として登板した河本はこのシーズン40試合に登板。2勝4敗19セーブ、防御率2・58という見事な数字を残してシーズンを終えた。

残念ながら新人王のタイトルは13勝を挙げた近鉄・髙村祐に持っていかれたが、新人王に値する活躍をしたと評価され、パ・リーグ連盟特別表彰という形で新人特別賞を授与された。

2年目以降も河本はロッテの守護神として活躍を続け1997年には25セーブをマークしてセーブ王に輝いている。

3年で終わったダイエーの投手コーチ

兆治さんは、どんな要望にも器用に応じられるタイプの評論家ではなかったが、河本の成功を予言したように、独自の視点で投手の才能を見抜く能力があった。

それに目を付けたのがダイエーホークスで、1994年のオフに王貞治監督からピッチングコーチ就任を要請されたため、評論家生活を4年で切り上げ、再びユニフォームを着ることになった。

兆治さんは講演を多くこなしていたので、このころには、原稿合わせのとき、人生訓めいたことも言うようになり、評論家としての幅が広がっていたので、関係が途切れることに一抹の寂しさを感じたが、その一方でコーチとして成功してほしいという気持ちも強く、翌年からは、ダイエーホークスの投手陣が、どのように成長していくか注視するようになった。

しかし、ホークスは今でこそ常勝軍団だが、当時は17年連続Bクラスで、親会社が変わったものの、まだまだ発展途上の状態であり、選手層も薄かったため、兆治さんの熱血指導は投手陣のレベルアップにはつながらなかった。

責任感が人一倍強い兆治さんは、そのことに苛立ちストレスが溜まるようになった。

それに加え、サウナ好きだったことや喫煙量が多くなっていたこともマイナスに作用したのか、冠動脈が詰まり、コーチになって3年目の1997年8月に心筋梗塞で2カ月間入院生活を余儀なくされた。

心筋梗塞の患者は退院後もしばらく無理ができない体調からダイエーのピッチングコーチを3年で退くことになり、NHKと日刊スポーツの解説者に復帰した。

そのころ、私は取材現場を離れ、社内で記事を束ねるデスクになっていたため、以前のように、兆治さんと密に接する機会は激減していた。

第六章

離島の野球振興に向けた使命感

佐渡での「講演会＋野球教室」

話は戻るが、現役を引退したあとの兆治さんは現役時代より忙しい日々を送ることになる。

全国各地から講演や野球教室の依頼が殺到し、引っ張りだこになったからだ。評論家としても出番が多かったので、講演会が多くなる春と秋の一時期はスケジュール調整に苦労するほど多忙になった。

肘を壊して再起不能の瀬戸際に追い詰められた苦悶の日々。藁をもつかむ思いで米国に飛びジョーブ博士の執刀で受けた最先端の手術。辛くて長いリハビリ生活の末に実現した奇跡の復活劇……こうした波乱の多い人生模様は克明にカメラに収められてドキュメンタリーとして放送されたため、日本中の老若男女に大きな感動を与え、野球ファン以外にも、村田兆治の生の声が聞きたいという人が大勢いた。

そんな折、ナイター取材に備えて社内で資料整理していると、一本の電話があった。

「三浦、村田さんの奥さんから電話だぞ」と先輩記者が受話器を差し出してきた。

電話の主は、淑子夫人だった。その後のやり取りを再現してみたい。

「あっ、三浦さん、ちょっとお願いがあって電話したんですけど、いいですか？」

「はい。どんなことでしょうか？」

「実はね、村田と一緒に佐渡に行ってほしいんです」

「佐渡ですか？　兆治さんが私の田舎に行くんですか？」

「行政関係の出版社さんが、全国各地で村田兆治野球教室を企画してくれてるんですが、今度、それが佐渡で開催されることになったんですよ」

「そうだったんですか。佐渡にプロ野球の有名選手だった人が来て野球教室をやることは、これまでなかったことだから、注目されるイベントになると思いますよ。ところで、私は一緒に行って何をすればいいんですか？」

「何もしなくていいんです。野球教室の前に講演が入っているのですが、村田が佐渡の皆さんを前に、どんなふうな話をするか、聞いてほしいのです。それを聞いたうえで、村田の話のどこが悪かったのか、どこを直した方がいいのかを教えてほしいんです。三浦さんにも、おわかりでしょ。本題から外れてしまうことがよくあるので。ウフフ……」

「ここが変だとか、脱線したとか、そんな偉そうなこと、兆治さんに言えませんよ」

「村田に言う必要はないです。三浦さんの素直な感想を私に教えてもらいたいの」

「わかりました。では、その日程を教えてください。私の方の休みの段取りをしますので」

すぐに夫人から詳細な旅程を聞かせてもらったので、私はそれに合わせて会社に3日間の休暇を申請した。


佐渡に向かったのは　それから1カ月ほど後のことだった。一行よりひと足先に佐渡に帰省した私は、一行の移動手段や食事場所を予約したうえで、翌日の昼頃、島の玄関口である両津港で兆治さん一行を出迎えた。

「兆治さん、お疲れ様です」

「おう、三浦、お疲れさん。わざわざ休みを取ってきてくれたようだね」

「兆治さんが佐渡に来てくださるのに、何もしないわけにはいきませんから。主催者の迎えの車が来ていますので、そこまで案内します。皆さんとそれに乗ってください。私は自分の車で移動しますので、後ほど講演会場でまた合流しましょう」

「そうか。わかった、じゃあ後でまたな」

「夕食は知り合いの店を予約してあります。今晩、兆治さんが泊まる宿からは少し遠い場所になりますけど、送迎バスを手配してありますから、よろしくお願いします」

「わかった。夜は、ゆっくり旨いものを食べさせてもらうよ」


私に与えられたミッションのことは、まったく知らないようだった。兆治さんは、今回、講演&野球教室で招かれたところがたまたま佐渡だったので、三浦が面白がって休みを取って一足先に帰ってきたと思い込んでいるようだった。

講演会&野球教室が開催されるのは両津港から車で1時間くらいのところにある、島の南部に位置する赤泊という地区だった。

この日は、体育館で講演を行い、そのあと隣接するグラウンドで野球教室を行うことになっていた。

講演会には地元の大人だけでなく、様々なユニフォームに身を包んだ野球少年たちも聞きに来ており、会場はほぼ満席になっていた。最後列の隅の方に空席を見つけたので、私はそこに腰を下ろして兆治さんの講演にじっくり耳を傾けることにした。

講演のテーマは、もちろん『人生先発完投』である。

旺盛なサービス精神

司会者による経歴の紹介があったあと、兆治さんは大きな拍手を受けながらステージに登壇すると、いきなり、

「皆さん、こんにちは！」

と大声を張り上げた。

「こんにちはー」

聴衆の皆さんが挨拶を返したが、照れもあってか声量は控えめだった。

「声が小さいよー！　特に子どもたち、もっと大きな声で挨拶しなさい。みんな野球をやってるんだろう。大きな声で挨拶できなきゃダメだよ。じゃあ、子どもたちだけ、もう1回！」

兆治さんが会場を見回してから、

「皆さん、こんにちは！」

と叫ぶと、

「こんにちはー」

と子どもたちの甲高い声が返ってきたが、兆治さんはまだ物足りない様子で、さらにボリュームを上げた。

「もう1回！　皆さん、コ・ン・ニ・チ・ハー！」

「コ・ン・ニ・チ・ハー！」

「そうだ！　今度は合格！　私はいろんな地域を回っているけど、島の子どもたちは照れ屋が多い気がしてならない。物怖じせず大きな声で挨拶できないと、野球もうまくならないぞ。野球に限らず、大きな声を出すことはすべての基本なんだ。それを忘れないように！」

納得したように子どもたちがそろってうなずくと、兆治さんからまたダメ出しが出た。

「違う！　わかったのなら大きな声で、ハイ！だ」

すかさず子どもたちから『ハイ』の大合唱が返ってくる。

このどこかコミカルなやり取りを見守っていた大人たちに目をやると、笑いながらうなずいているので、私は、つかみはＯＫだなと思った。


そのあと本題に入り、兆治さんは、自分が『人生先発完投』という言葉を座右の銘にしていると述べたうえで、それをモットーにするようになったのは、プロ生活を続ける中で最後まで責任をまっとうするのがプロだという思いが強くなったからだと強調した。

さらに平均寿命が4、5年しかないプロ野球の世界で、自分が22年間も第一線で活躍できたのは、人のやらない努力を積み重ねたからであり、マサカリ投法は、そうした努力を積み重ねた末に完成したものだが、その過程で経験した周囲から「タコ踊り」と嘲笑されたエピソードや寝ているエースを叩き起こして『マサカリ投法』を見てもらったエピソードなども織り交ぜたため、兆治さんはうまく笑いを取りながら話を進めていった。

サービス精神も旺盛で、フォークをマスターしたい一心で、眠りにつくとき、右手の人差し指と中指でボールを挟み、それをひもで縛って固定したうえでベッドに入っていたエピソードを披露したときは、子どもたちがよく理解できるよう、兆治さんはポケットからボールを取り出し、壇上で実際にボールを挟んで握り、ひもで縛るジェスチャーをして、子どもたちが自分が言わんとすることを理解できるよう工夫していた。

兆治さんは、ボールを挟む力を向上させるため、思い付くことはすべてやったと述べ、それにより並外れた力でボールを挟めるようになり、かなり強い力でボールを引っ張られてもびくともしなくなったという話も披露し、それを証明するため最前列の席に座っていた一人の野球少年をステージに呼んで、フォークボールのグリップで握った右手を突き出し、「このボールを引き抜いてごらん。目いっぱい力を入れていいぞ」と促した。

その少年は、人差し指と中指で挟まれたボールに手をかけると、力を込めて引き抜こうとした。しかしボールはびくともしない。

いったんボールを離して深呼吸してからもう一度挑んだが、結果は同じだった。それを見た聴衆からどよめきが起き、大きな拍手が巻き起こった。

このお得意のパフォーマンスも大うけだった。

途中からテーマを逸脱

ところがここから『人生先発完投』という題名がついた講演会は、別の方向に脱線していき、兆治さんは少年野球教室の講師が話すようなことを取り留めもなく話し出した。

ステージの上で野球少年と少しやり取りがあったので、別なスイッチが入ってしまったようだ。その後に話したことを、要約すると以下のようになる。

・野球技術の上達は、基礎練習を繰り返しやることで実現する。
・一流選手になるには下半身を徹底的に鍛える必要がある。強靭な下半身は人より多く走り込みを行うことで生まれる。
・人の倍の練習をこなすことで、初めて自分に自信を植え付けることができる。
・自分は野球環境の恵まれない離島の子どもだからと思い込んで、一流選手になる夢をあきらめてはダメ。自らの目標を高く設定して、限界まで努力し続ければ、どんどんレベルアップし、プロ野球選手になることだって夢ではない。

このようにその後の話は、野球少年たちへの心技両面の細かいアドバイスに終始し、軌道修正して本来のテーマに立ち返ることはなかった。そのため講演の後半に話すことになっていた、肘を壊して絶望的な状況に陥ったときの話や、日本では成功例がなかったトミー・ジョン手術を受けた話、辛いリハビリを経て奇跡の復活を遂げた3年間の軌跡などには、ほとんど触れることがないままタイムアップとなってしまった。

大人たちが聞きたかったのは間違いなくこの部分なので、聴衆はフラストレーションを抱えながら会場を去っていくのではないかと思った。

高校時代の同級生が講演を聞きに来ていたので、

「講演会、どうだった？」

と水を向けると、

「村田さんは、やっぱり肘の故障で苦しんだから、そのときのことは話したくないんだろう？」

と問い返してきた。

この同級生は私が日刊スポーツでプロ野球担当記者をしていることを知っているので、村田兆治のことについても知悉していると思って、そんな質問を返してきたのだ。

「そんなことはない。肘を壊して苦しんだことや、アメリカで手術を受けて復活したことは、一番話したがるテーマで、今日の講演でも話すつもりだったんだ。でも今日は話が枝葉の方にどんどん流れて、後戻りができないうちに終了時間が来てしまったんだ」

その同級生は、私の説明に納得したようで、

「そういうことだったのか。肘の話や復活の話は、村田さんが次に佐渡に来たときの楽しみにとっておくよ」

と言い残して会場をあとにした。

シメは『マサカリ投法』の実演

野球教室の会場に移動すると、こちらの方は大いに盛り上がっていた。

兆治さんは準備運動のときから集合した子どもたちを驚かせた。

引退したあとも兆治さんの体の柔らかさは体操競技の選手並みで、両足を１８０度に広げて胸をべったり前につけることができた。

子どもも大人も、実際にプロ選手の体の柔軟性を生で見るのは初めてなので、みんな目を丸くし見守っていた。

さらにキャッチボールが始まると、兆治さんはキャッチボールを続けながら相手との間隔をどんどん広げていき、最後は90メートルまで広げて、ホームベースのところからライトのポールのところにいる相手に向かって遠投を繰り返した。

そのたびに見守っていた父兄たちからどよめきが上がった。

プロの凄さを見せつけたあとは、少年たちのキャッチボールを見て回った。

「しっかり相手の胸を目がけて投げるんだぞ！」

「受ける側は、捕球してすぐ投げ返せるようにするにはどうすればいいかを考えろ。相手の方にしっかりステップして投げるんだぞ。距離が短くても、手だけで投げちゃダメだ」

兆治さんは一組ごとに手取り足取りで、丁寧に教えていった。

次のベースランニングの練習になると、一塁ベース脇に陣取って、打席でシャドウスイングしては一塁に駆け込んでくる子どもたちの、ベースの踏み方をチェックした。

「一塁を駆け抜けるときは、必ずベースの右端を踏むようにするんだ。でないと相手の一塁手の足と交錯してケガをするぞ」

兆治さんは自らお手本を示しながら熱心に指導するだけでなく、各チームの指導者たちにも目を向けて、「監督さんたちも、ここをしっかり教えてやってね。お願いしますよ」と注文を付ける。

村田兆治野球教室のハイライトは最後に行う『マサカリ投法』の実演である。

「それじゃあ、最後に私が投げるのを見てもらおうと思います。誰か、キャッチャーをやってくれる人はいませんか？」

と言って、グラウンド内の関係者席の方に目をやった。すると、しばし沈黙が流れた後、一人の若者が、

「私にやらせてください」

と志願した。野球教室を手伝うスタッフとして来ていた硬式経験者だった。

「ありがとうね。私の球を受ける自信があるんだね。でも念のためマスクとプロテク

ターはちゃんと着けてくださいよ。そうしないと思い切り投げられないから」と注文する。

志願した若者は、大急ぎで、プロテクターとレガースを着けるとキャッチャーボックスに入った。

「それじゃあ、行くよー」

ウォームアップがてらのストレートを投げ込むと、志願のキャッチャーが難なく捕球した。

「うまいねえ。その調子で行こう。次、行くねー」

2球目もストレートだったが、1球目よりずっとスピードがあった。これを志願のキャッチャーがうまくミットに収めた。

アマチュアの経験しかない者に簡単に捕球されたことで、マサカリ兆治の闘争本能に火が付いた。

「じゃあ目一杯いくから、しっかり捕ってくれよ」

と言うや否や、現役時代そのままの豪快なマサカリ投法で、確実に140キロを超えていたと思われる豪速球を投げ込んできた。

志願のキャッチャーが、それを必死にミットに収めると、見物客からどよめきが起き、見事に捕球した若者に拍手が送られた。

野球教室の最後にこのようなパフォーマンスを行ったのは、プロのレベルを実感してもらうためだ。それと同時に、必死になって頑張ればこのレベルになれることを、わからせる狙いもあったように思う。

宴席で始まった2時間の独演会

野球教室が終了した後は、島の別な地区にある海鮮料理の店に集まって、海の幸を堪能しながら酒を酌み交わすことになっていた。

私はいったん実家に戻り父を伴ってその店に向かい、一行の到着を待った。

ほどなくして兆治さんが姿を見せたので、着席する前に親父を紹介しておいた方が

いいと思い、

「ウチの親父です。同席させてもらいますので、よろしくお願いします」

と言って紹介すると、兆治さんは満面の笑みを浮かべて、

「あっ、お父さんですか。村田です。こちらこそよろしくお願いします」

と言って頭を下げ、さらに、

「あれっ、三浦、お袋さんはどうしたの？」

と言って私を見た。

このような形で私に気を使ってくれたことに心の中で感謝しながら、

「ここにはいません。全然酒が飲めない人間なんで、連れてこなかったんです」

と返すと、

「そうか、一緒に来ていれば挨拶できたのになあ」

と言って残念がった。

各々が席に着くと酒が運び込まれ、乾杯になった。

兆治さんは下戸で酒をあまり飲めないので、初めのうちは次々に出てくる佐渡の海

の幸に舌鼓を打っていたが、お腹が膨らんでくると、講演会で話し足りなかったようで、離島の少年野球に対する思い入れを熱い口調で語り出した。

「引退してから少年野球の指導で全国を回っているんだけど、野球環境に恵まれたところもあれば、そうじゃないところもある。いちばん恵まれないのは、離島の子どもたちです。チーム自体が少ないから試合をなかなか組めず、それに神経をすり減らしている監督さんも少なくない。島のチームが、そのハンデを克服してレベルアップすることは、そう簡単なことじゃない。どうすればいいのだろうって、よく考えるんですよ」

このような形で問題提起すると、兆治さんは、思いつくまま、エンドレスで語りだした。ポイントを要約すれば、

・少年たちが、プロ野球選手になるという夢を持つようになれば、練習に身が入り、ランニングやトレーニングも苦にならなくなる。

・それには、島の子どもたちにプロ野球選手の凄さを知ってもらう必要があるので、

私は、野球教室の最後で、剛速球を投げるパフォーマンスをやって、プロのレベルを実感させ、憧れを喚起するようにしている。

・私の最終的な目標は離島のチームからプロ野球選手が誕生することだ。

ということになる。例によって兆治さんの話は途中から本筋からズレて枝葉の方に入り込むため、話し終えたときは2時間近くが経過していた。

それでもこの宴席に集った人たちは、真剣な表情で最後まで聞き入っていた。兆治さんのような有名人が佐渡に来てくれて、至近距離から熱い口調で語りかけてくれているのだ。こんな経験をする機会は十年に一回もないので、一言一句聞き漏らすまいという気持ちなのだ。

独演会が終了すると宴席もほどなくお開きになった。

これで兆治さん一行の全日程が終了したので、私は実家で一日骨休めをしてから東京に戻り、淑子夫人に電話を入れた。

「日刊スポーツの三浦です。今、佐渡から戻ってきました」

「お疲れ様でした。お手数かけて申し訳ありませんでした。早速ですが兆治の話はいかがでした？」

「なんと言いましょうか。非常に熱の入った講演でしたが、途中から話が枝葉の方にどんどんズレていき、戻れないまま時間が来てしまったという感じでした」

「アハハ、予想していた通りですね。これ以上同じ失敗を繰り返すわけにはいかないので、タイミングを見て、私の方からチクチク言って、直させるよう頑張ります。面倒な頼みを引き受けていただき、本当にありがとうございました」

その後、村田夫妻の間でどのようなやり取りがあったかは知る由もないが、兆治さんの講演はその後も途中で離島の少年野球の話に流れていったまま時間切れになることが多く、奥さんが兆治さんに、なにかしらの助言を行ったようには思えなかった。

今思えば、話が途中から離島の少年野球の方に流れていったのは、引退後間もないころから、野球環境に恵まれない離島の現状に心を痛め、自分に何ができるか模索していたからだと思う。

その思いはダイエーホークスのピッチングコーチを辞して評論家生活に戻ったあと、具体的な形を持ち始めた。

離島の少年チームを集めた全国大会を提唱

兆治さんは引退後、少年野球教室の講師として全国を巡るようになるが、離島からやってきた野球少年や、その親と接するうちに、その野球環境があまりにも恵まれていないことを痛感するようになる。

離島はどこも人口が少ないため学校の数が僅かしかなく、児童数や生徒数も限られる。そのため卓球、テニス、バドミントンといった個人種目は問題なく運営できても、野球、サッカーなどのチームスポーツは必要数を確保するのが難しく、数年は運営できても、やがて立ち行かなくなることが多い。そのため、島に中学校が複数ある場合でも、野球部が存在するのは1校だけというケースが多くなる。

練習試合を一つやるのにも離島のチームは苦労する。週末を利用して船に乗って本

▲1992年7月、離島野球行脚で新潟県佐渡島を訪れた村田。
こうした活動がのちの「離島甲子園」へとつながる

土に渡らなければならず、移動と宿泊に時間とカネが掛かるからだ。

もう一つの大きな悩みは野球経験の豊富な指導者がほとんどいないことだ。一人もいない場合は基礎技術の習得もままならず、少年たちはレベルアップできなくなる。離島のそうした厳しい現実を知ると、兆治さんは何か自分にできることはないかと模索するようになる。


まず初めにやったのは、自分の手足になって動いてくれるコーチングスタッフの確保だった。

ロッテの元選手や仲の良かった他球団

の選手に声をかけたところ13人が協力してくれることになり、この13人で市民球団『まさかりドリームス』が結成された。

元プロ選手からなるコーチ集団を市民球団の形にしたのは、よく訪れていた長崎県の対馬や壱岐の野球関係者から、地元の軟式チームや少年チームと対戦し、試合をやりながら野球の楽しさを教えてほしいという要望が来ていたからだ。『まさかりドリームス』には、兆治さんの女房役だった袴田英利さんやロッテの内野の要だった水上善雄さんの名もあった。

このチームの本拠地は対馬に置かれることになり、監督は兆治さんが務めることになった。

コーチ集団まで作って離島の野球振興に乗り出した兆治さんは、離島に何よりも必要なのは「試合」だという思いが強くなり、全国の離島の少年チームを集めて行う甲子園大会のようなイベントの開催を提唱し始める。

初めはただの夢だったが、各地の離島を巡ってその夢を語り続けていると、賛同する声が出始め、その実現に向けて協力したいと言ってくる組織もあった。国土交通省である。

同省は兆治さんが、全国の少年野球チームの代表が一堂に会する「離島版の甲子園」のような大会をやろうと提唱していることに以前から注目しており、離島の町や村が平成の大合併で一つの市になったことを記念するイベントとして、兆治さんが提唱する「離島版の甲子園」の実現を後押ししようと考えていた。


省内で検討を重ねた結果、国土交通省の後援が決まり、「離島版の甲子園」を開催する計画は実現に向け動き出す。

その結果、誕生したのが『国土交通大臣杯・離島交流中学生野球大会』である。長すぎる名称のため、この大会は『離島甲子園』という通称で呼ばれるようになった。


大会名誉会長はもちろん兆治さんである。

平成の大合併は政府主導で行われた全国規模の市町村合併のことで、全国に3232あった市町村は、この大合併によって1718に減少。特に江戸時代までは一国として扱われた佐渡（新潟県）、対馬、壱岐（どちらも長崎県）では大規模な合併が行われ、佐渡では10の市町村が合併して一つになり佐渡市が誕生。対馬では6つの町が対馬市に統合され、壱岐では4つの町が合併して壱岐市が誕生した。

国土交通省は、この3つの離島の大合併をモデルケースと位置付けており、それを記念するイベントを計画していたが『離島甲子園』は、離島と離島の格好の交流の場になるだけでなく、離島の人材育成にもつながると評価、全面的にバックアップすることが決まったのだ。

スポーツイベントを根付かせるときは、初めから全国規模にせず、参加可能なチームだけ集めてノウハウを蓄積し、問題点を改善しながら、年々規模を拡大していくケースが多いが、離島甲子園もそのようなパターンをたどって少しずつ規模を拡大していった。

『国土交通大臣杯・離島交流中学生野球大会』（通称・離島甲子園）の最初の大会は大規模な合併で一つの市が誕生した新潟県の佐渡島、長崎県の対馬、壱岐の三つの中学生チームが参加して2005年夏に佐渡市で開催された。

大会は三部構成で①3チームによる試合、②「まさかりドリームス」との野球教室を兼ねた親善試合、③3チームのメンバー全員が集まって行う交流イベントの順で行われた。

提唱者で大会名誉会長でもある村田兆治さんは八面六臂の活躍で、開会の辞を述べたほか、選手たちへの挨拶指導や実技指導も熱心に行い、さらに、マサカリ投法で剛速球を投げ込むパフォーマンスも披露して大会を盛り上げた。

この大会を開催する目的の一つに「離島と離島の交流促進」があったが、少年たちには野球という共通語があるため、選手たちは交流会場にやってくると、ほかのチームのメンバーに気やすく声をかけて野球談議に花を咲かせた。

大会はまだ試運転の段階で、広報活動は行っていなかったため、大会の模様などがメディアで報じられることはなかったが、大会が盛り上がりを見せたことや、野球を通じた離島と離島の交流促進という目的を十分果たしたことは、見学に来た離島の職員などを通じて各方面に伝えられ、2回目の大会に参加を希望する離島のチームも出始めた。

2回目の大会は新たに東京都の大島と鹿児島の屋久島のチームが加わり5チームで2006年夏に長崎県壱岐市で開催される予定だったが、台風の襲来が予想されたため直前に中止になった。

しかし、関係者の間で時期をずらして実施しようという声が高くなり、11月に5チームが壱岐市に集まって開催された。

3回目となる2007年の長崎・対馬大会には、さらに東京都の八丈島と島根県の隠岐の島のチームも加わり参加チームは7チームになった。

兆治さんからの協力依頼

3回やって自信を深めた兆治さんは、この『離島甲子園』を全国規模の大会にグレードアップすることを計画。それを実現するため、自ら足を運んで、各方面に働きかけを行った。

兆治さんから私の携帯に電話がかかってきたのは2008年の春先だったと記憶している。

「三浦ちゃん、久しぶり。忙しいとこ悪いけど、近いうちに時間を取ってもらえないかな？　ちょっと頼みたいことがあるんだよ」

「こちらこそご無沙汰しています。あらたまってどうしたんですか？　もちろんいつでもお会いしますよ」

それから数日後、兆治さんが我が社にやってきた。応接室で待っていた私の前に現れた兆治さんは、ビシッとしたスーツに身を包んでいた。

「スーツなんか着込んで、講演の仕事をしてきた帰りですか？」

「いや、今日はちゃんとしたお願いがあって来たんだよ。何とか日刊スポーツで協力してもらえないかな」

なんの協力かと思ったら、離島甲子園と呼ばれている離島の中学生野球大会のことだという。

「今年の大会は昨年よりさらに多くの離島が参加を希望しているので、大会の正式名称に『全国』が加わって『国土交通大臣杯・全国離島交流中学生野球大会』となり、全国大会として開催していくことが決定したんだ。ついては日刊スポーツさんにも後援してもらえないかと思ってね」

「後援といっても、いろんなかかわり方があると思いますが、どういう役割をすればいいのでしょう？」

「協賛のお金を出してくれとかではないんだよ。大会の遠征費とかは参加する島の自治体が負担してくれるしね。お願いしたいのは、日刊スポーツの紙面で、この大会をしっかり扱ってほしいということなんだ。大会前に、参加チームの紹介をしてもらうとか、大会中の試合結果とかを新聞に掲載してもらうとか」

それを聞いて私は、その場で逆提案をした。

「兆治さん、こんな感じで協力させてもらうのはいかがでしょう。我が社のホームページの中に、この大会の専用のページを作ります。それでしたら、大会前からだって様々な情報を載せられますよ」

「ホームページ？　それってインターネットのことかぁ。新聞では無理かなぁ」

「新聞だと大会の規模からして試合の結果を紙面の下の方の片隅に掲載するのが精一杯になってしまいます。でも、ネットでしたらスペースの制限はありませんし、双方向のやり取りもできます。それに中学生とか若い世代は、スポーツ新聞を買って読んだりしません。こっちの方がずっと多く見てもらえると思いますよ」

「そうか、わかった。俺はネットとか全然詳しくないから、あとは任せるよ。しっかりした内容のページを作ってくれよな」

インターネット掲載のイメージが湧かないままながら、最後は納得してくれたようだった。

私はそのころ、取締役になっていた。担当部門の電子メディア局に、さっそくお願いして、『離島甲子園ページ』の作成準備に入ってもらった。

大会専用ページには協賛各社の名称とロゴも掲載することになるが、兆治さん自身が営業マンとなって協力を依頼して回ったとしか思えないスポーツメーカーや飲料メーカーがズラリと並んでいたので、離島甲子園を成功させたいという兆治さんの心意気を感じずにはいられなかった。

そんな中で7月25日、国土交通省の2008年度離島滞在交流促進事業の一環として「第1回全国離島交流中学生野球大会」が東京都の大島で開催された。この年、新たに北海道の奥尻島、東京都の三宅島、鹿児島・種子島の中種子町のチームが加わったため参加チームは2ケタになった。

トーナメントを制したのは、前年から参加している島根県隠岐の島町の西郷ジュニアベースボールクラブだったが『まさかりドリームス』の指導などにより多くのチームがレベルアップしているため、西郷ジュニアベースボールクラブは4試合戦ったうち、2試合が1点差ゲームだった。

初出場のチームは、みな初戦で大差を付けられて敗退したが、2日目からは敗れたチーム同士の親善試合が組まれたため、大会期間中は毎日試合があり、試合でしか得ることができない知識や教訓をいくつもゲットすることができた。このような配慮がなされたのは、普段なかなか試合ができない離島の野球少年がレベルアップするには、なるべく多く試合を経験させる必要があるからだ。

この東京都の伊豆大島で開催された大会は、恒例となったまさかりドリームス野球教室で幕を閉じた。


その後、『離島甲子園』の規模は年を追うごとに拡大していった。

翌2009年の第2回大会は島根県の隠岐の島で開催されたが、新たに北海道の礼文（れぶん）島、愛媛県の上島（かみじま）、鹿児島県の甑島（こしきしま）のチームが参加。開催地隠岐の島からは3チームが参加したため、トーナメントは16チームで争われ、長崎県の壱岐市の『壱岐市選抜』が優勝。東京都の『伊豆大島選抜』は2年連続で準優勝に終わった。

2010年の第3回大会は鹿児島の種子島で17チームが参加して開催され『隠岐の島あんやらーず（島根）』が栄冠を手にした。

2011年の第4回大会は瀬戸内海に浮かぶ愛媛上島町の生名島（いきなじま）などで開催され19チームが参加。決勝戦が雨天中止になったため、沖縄県の久米島イーグルスと開催地・愛媛県上島町のチーム『ＫＡＭＩＪＩＭＡ』が優勝を分け合った。

２０１２年の第5回大会は東京都の八丈島で開催されたが、私にとって最も思い出深い大会になった。なぜなら、この年から兆治さんの要請に応じて、大会の運営に直接関わるようになったからだ。

日刊スポーツは２０１２年6月に退社していた。というよりは追放された、という表現の方が真相に近い。

私事で恐縮だが、次の章ではまず、私が日刊スポーツを追放されたときの模様を再現フィルム風に書いてみたい。そうすれば、私が社長から素浪人になった事情をご理解いただけると思うからだ。

第七章

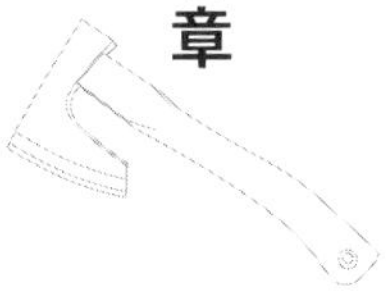

拡大する離島甲子園

社長解任動議

私が追放の憂き目にあったのは、2011年6月に開催された株主総会である。その2年前の2009年6月の株主総会で私は、平の取締役から社長に抜擢されていた。役員任期の2年が経過したため、この株主総会の議案の一つとして「役員改選」が入るのだが、オーナー会長も含めた事前の社内協議では、現状体制のまま2期目に入ることが確認されていた。

株主総会の議長役は社長の仕事なので、私は担当部署の総務局が作成した進行案を確認したうえで総会に臨んだ。

日刊スポーツ新聞社は上場企業ではないので例年、総会に出席する株主は10人余りだった。議長役の私は型通りに開会を宣言。まず監査役による監査報告が行われた後、私が前年度の事業報告や決算報告などを行った。これらが承認された後、最後の議題である改選期を迎えた役員の人事に移った。

私が事前に社内で内定していた人事案を説明し終えたときだった。出席していた株主の一人から「異議あり」の声が上がった。

オーナー会長の親族の男性だった。その株主は、「この議案の中の○○さん、○○さん、○○さん、○○さんについての役員改選を承認します」と発言した。

人事案の中にあった私の名だけが外されていた。

いったいどういうこと？　その発言の意味するところをすぐに理解できずにいると、議長席の隣に座っていたオーナー会長が挙手し、

「株式の過半数を持つ私も、ただ今、出された動議に賛成します」

と発言したのである。その瞬間、私は解任されたことを理解した。何の予兆もない中での青天の霹靂だった。

株主総会が終了するや、真っ先に日刊スポーツ西日本本社の社長に電話した。

なぜなら私は、前日に大阪に出張して西日本本社の株主総会に出席して、社外取締役に就任したばかりだった。それまで同社の社外取締役だったオーナー会長から、「これからは私に代わって君がやってくれ」と命ぜられてのことだった。ところが、その

翌日にとんぼ返りして臨んだ株主総会での緊急動議だったのだ。

「三浦です。どう説明していいのかわかりませんが、たった今、株主総会で社長の任を解かれました」

「なに？　どういうこと？　突然、何が起きたんだ？」

「私にもまったくわかりませんが、今日をもって東京本社から消えることになります。昨日、就任したばかりで申し訳ありませんが、早急に辞任届を書いて送りますので、あとの処理をお願いします」

「そんなの、訳がわからない。そんなことがあっていいはずがない！」

「お騒がせして、すいません。また後日、連絡します」

そう言って電話を終えるや、自宅の家内に電話した。

「落ち着いて聞いてくれよ。俺、たった今、株主総会で社長をクビになった。明日からプー太郎になったよ」

「えっ、何があったの？　どういうこと？」

と、キツネにつままれたような声が返ってきたが、自分自身、解任理由がわからないのだから説明できるはずもない。

「とりあえず家に向かう。詳しくは帰ってから話す」と電話を切った。そして「荷物の整理は、明日来てします」と秘書さんに伝えて帰路に就いた。

翌日、朝から会社に行って社長室で書類や資料を整理しながら段ボールに詰め込んでいると、オーナー会長が入ってきた。

「昨日のやり方については申し訳なかった。それについては反省している」といきなり謝罪された。だが解任の理由については説明してもらえなかった。こちらから聞く気持ちは失せていたため、

「私にも悪いところがあったのだと思います。いろいろお世話になりました。荷物の整理が終わり次第、消えますので」と返したのが、最後のやり取りになった。

後日になってさまざまな筋から連絡をいただき、水面下で続いていたグループ各社の再編協議の流れの中で誤解が生じたことが、突然解任された理由であると判明したが、不可解な思いは今も変わらないでいる。

兆治さんからのヘッドハント

こうして私は32年間住み慣れた会社を追われ、54歳にして一介の素浪人になった。

日刊スポーツの社長を突然解任されたショックから完全に立ち直るには、少し時間がかかるような気がしたので、あと1年ぐらいは、のんびり暇人生活を送るつもりでいた。にもかかわらず翌２０１２年の早い時期から離島甲子園の運営にかかわるようになったのは、兆治さんから直々の要請があったからだ。

兆治さんから電話があったのは素浪人生活に入って半年が経過した２０１１年の年の瀬だった。ポケットでスマホが鳴ったので、取り出すと『村田兆治』の4文字が目に入った。

「通話」を押して出ると、

「久しぶり、元気でやってるか?」と懐かしい声が聞こえてきた。

「はい、元気ですよ。この半年、のんびりやらせてもらってます」

「そうか、日刊スポーツでいろいろあったと聞いたんで心配してたんだけど、それならいいよ」

そのあと少し間をおいてから、兆治さんが用件を切り出した。

「今度、俺の弟に会って、話を聞いてもらいたいんだ」

「弟さんですか？」

「ウン、光英というんだけど『スクール・パートナーズ』という会社を経営していて、高校生新聞を発行したり、大学関係の仕事を受注したりしているんだ。三浦ちゃんに頼みたいことがあるみたいだから、会って話を聞いてやってほしいんだよ」

数日後に、光英さんに面会して話をうかがうと、彼の会社『スクール・パートナーズ』で発行している『高校生新聞』の編集責任者を要請されたので、会社を訪ねてスタッフと面会し、あれこれ見せていただいたうえで、お引き受けすることにした。

弟さんから連絡がいったのだろう。その日の夜に、また兆治さんから電話があった。

「弟を手伝ってくれるんだって、ありがとうな」

「こちらこそお世話になりますよ」

「それでな、近いうちに会いたいんだけど」

「もちろん構いませんよ」

ということでその数日後、新宿のホテルの喫茶ラウンジで兆治さんと会うことになった。兆治さんは改めて弟さんの会社への協力を依頼したあと、本題が待っていた。

「三浦ちゃん、離島甲子園を手伝ってくれないか」

兆治さんは私が今後『高校生新聞』の編集の仕事に時間を取られることを知っているのだから、手が空いたときに手伝ってほしいということなのだろうと思って、

「離島甲子園の、どの部分をお手伝いすればいいんですか？」

と問い返した。

「あの大会の運営全般を手伝ってもらいたいんだよ」

「運営そのものを俺にやれっていうことですか？」

「ウン」

「でも、これからは弟さんの会社で新聞の編集とか、いろいろやるわけですから
……」とこちらが困惑していると、兆治さんが笑みを浮かべて、

「弟には、もう話してあるから大丈夫だ。こっちをメインにやってくれ、頼むよ」

と言うので、そこまでしてくれているなら引き受けるしかないかと思ったが、了承する前に、もう一つ確認しておきたいことがあった。

私が気になったのは、離島甲子園は、これまで問題なく運営してきた人がいるはずなのに、なぜ、別の人間に託すことになったのか、という点だった。

すると兆治さんから明快な答えがあった。

「これまで離島甲子園や野球教室を企画運営してきたプロダクションの社長が高齢で体調を崩してしまい、引退を決めたので、急遽その代わりを探すことになったんだ」

私は納得し、この話を受けることにした。

新年を迎えるや『スクール・パートナーズ』の一員となり、高校生新聞の紙面企画などに携わりながら、離島甲子園の次回大会の準備作業に突入することになった。若手社員一人とコンビを組むことになって動き始めてみると、こなさなければならない案件が山積していた。真っ先に訪ねたのは日本離島センターだった。

ここは離島とのパイプ役になってくれている公益法人で、参加を希望する全国の離島自治体の動向を把握していた。

同センターでは、今年の八丈島大会はこれまでで最多の21チームが参加して行われることになると見ていた。これまでの大会にも深く関わってきたので同センターの担当者からは、いくつか貴重なアドバイスをいただくこともできた。

次は大会の物品協力をいただいている協賛各社への挨拶回りである。これも必須の仕事で、行く先々で自己紹介を行い、併せて今後の協力を要請した。3月に入って間もないころ、私は空路八丈島に向かい、教育委員会で離島甲子園の八丈島大会を担当する菊地さんと奥山さんに面会、挨拶もそこそこに打ち合わせに入った。

この二人の若い担当者は、まず、どのチームがどのホテル・旅館・民宿に宿泊するか、詳細を説明してくれた。そのあと、組み合わせ抽選会や大会終了後の交流会が行われる会場に案内されたが、十分な広さがあり何の問題もなかった。次に試合が行われる球場や学校のグラウンドを見て回ったあと、協力企業から届く協賛品を収納しておくスペースの広さも確認した。回を追うごとに協賛企業が増えているため収納場所が以前と同じ広さでは間に合わなくなっていたが、八丈島では広いスペースが用意されていた。

大会前になると参加チームが事前に宅配便で荷物を次々に送ってよこすため、荷物が団子状態になり、誤配や紛失が生じやすくなる。それを防ぐため、この二人の若い担当者は、仕分け作業を担当するボランティアを置くことで、それを防ごうとしていた。そのあと大会を支える地元ボランティアが着るシャツのデザインを見せてもらったあと、大会のプログラムの内容をどうするか意見を出し合った。

八丈島への1泊2日の出張はかなり慌ただしいものになったが、準備体制の完璧さを確認できたので実り多いものになった。菊地さんと奥山さんも、やる気満々で頼りになる担当者だった。二人は、島の野球熱を小学生にも拡大させたいと考えていて、前日の夜に夕食を共にした際、菊地さんが、

「全国各地の離島から多くの中学生が集まるのは本当に楽しみですけど、できればこの島の小学生たちにも大会に絡めた形で何かやらせたいと思っているんですよ」

と言い出したので、私はその場で何かいいアイデアがないか頭をひねったが、何も浮かばなかったので、「そうですよね」とごまかすしかなかった。

しかしアイデアというものは、一人になって、リラックスしているときに生まれるもののようだ。東京に戻る機中でスマホをいじっていたとき、ある人物の名前を見て、選手会が提唱している『キャッチボール・クラシック』をやればいいんだと、ひらめいた。ある人物というのはプロ野球選手会の松原徹事務局長だった。

キャッチボール・クラシック

彼は元ロッテの一軍マネージャーで、その後、落合博満事務所のマネージャーを経て現職に就いた人物で、私はロッテ番記者だったころから付き合いがあり、時々酒を酌み交わす仲だった。その松原さんが前回会ったとき、

「選手会では少年野球チームがサッカー人気に押されて減り続けていることと、街の公園で子どもたちの野球遊びが禁止されるようになったことに危機感を募らせていて、

代わりに公園に設置されるようになった『キャッチボール・スペース』でも楽しめる『キャッチボール・クラシック』というゲームを考え出したんですよ」

と語っていたので、スマホでたまたま松原さんの名前が目に入ったとき、そのことを思い出したのだ。

このゲームはキャッチボールのスピードと正確さを競うもので、9人1組のチームが2分間に何回キャッチボールができたかを競う。

試合では9人のチームが5人と4人に分かれて、7メートル離れて向き合い、スタートの合図とともにキャッチボールを始め、投げ終わった選手はすぐ最後尾に回って新しい選手が次々に出てくる方式で、ゲームを進行していく。

一見単純に見えるが、どんな角度からでも正確に投げる能力が必要になるので、下半身のしっかりしていない子はバランスを崩して暴投が多くなる。

たかがキャッチボールと軽く見られがちだが、2分間早いテンポで基本に忠実にやり通すことは困難で、結果に大きな差がつくことが多かった。

キャッチボール・クラッシックはプロ野球選手会が考案したゲームなので、八丈島でやらせてもらうには、選手会の許可がいる。私は、東京に戻ったあと松原さんと一杯飲む機会を設けた。その席でまず、兆治さんから要請されて『離島甲子園』を手伝うことになり、今年の開催地である八丈島に打ち合わせに行ったことを伝えたうえで、

「そのとき、地元の担当者から『離島甲子園』は中学生に限定したイベントなので地元の小学生にも何かやらせたいという話があったんで、選手会が考案した『キャッチボール・クラシック』を提案しようと思っているんだけど、問題ない？」

とお伺いを立てると、間髪を入れずＯＫが出た。

「どうぞ、どうぞ。『離党甲子園』は兆治さんの提唱で始まった大会ですか。それに関連して『キャッチボール・クラシック』をやってもらえるのは最高です」

と言い切った。松原さんの言葉には、兆治さんの大会なら、当然ＯＫという響きがあったので、

「もう一つお願いがあるんだけど」

「何でしょう？」

「『離島甲子園』には後援団体がいくつかあるんだけど、プロ野球選手会にも、後援

団体になってくれない？　物品協力だけだから」

と畳みかけると、松原さんはこちらも2つ返事で了承してくれた。

翌日、兆治さんに電話で、松原さんと会って、プロ野球選手会が『離島甲子園』の後援団体になってくれることを了承した件を伝えると兆治さんは、

「そうか、松原が力を貸してくれるか。ありがたいね」

と言ってひとしきり喜んだ後、

「実は、こちらから連絡しようと思ってたとこなんだ」

と言うので、

「何でしょう」

と問い返すと、兆治さんは一気呵成に話し出した。

「五洋建設という会社の役員さんと連絡を取って、訪問してもらいたいんだ。実はね、この前、五洋建設さんで講演をやったんだけど、終わったあと役員の方たちと歓談したとき、離島甲子園のことを話したら、皆さん強い興味を示してくれてたんで、これはチャンスと思って、協賛企業になっていただけませんかって頭を下げたら、『ウチ

は港湾建設が主力で離島と関係が深いので』と言ってその場で快諾してくれたんだ」

私は、人に頭を下げたことのない元大エースが離島甲子園のために頭を下げたことを知り驚きを禁じ得なかった。冗談交じりに、

「兆治さんに、すごい営業センスがあったなんて、知りませんでしたよ」と褒めると、

「離島のことになると、普段出ない知恵が出るんだよ」と笑っていた。

五洋建設を訪ねて担当役員の方に面会し、協賛企業になっていただいたことを感謝すると、出てきたのは兆治さんへの賛辞だった。それを聞いて、私は、同社が港湾建設が主力で離島と縁が深いということだけでなく、兆治さんの熱意にほだされたことが、協賛企業になる決め手になったのだと思った。

その数日後、虎ノ門にある共同通信社に足を運び、プロ野球記者時代から付き合いのある先輩に面会した。目的は同社が数年前から運営しているウェブサイト『47ニュース』で大会情報を配信してもらえないか、打診するためである。

共同通信社は全国各地のローカルメディアに様々なニュースを配信しているため、

地方の人たちからの信頼が厚く『47ニュース』の閲覧者数は群を抜いていた。なじみの先輩は、共同通信の幹部になっていた。打ち合わせの席にはウェブ担当者も同席していた。まず、私の方から『離島甲子園』の概要を説明すると、先輩が好意的な評価をしてくれたので、大会情報を『47ニュース』で配信する件を打診してみた。すると社内で検討することを約束してくれたので結論が出るのを待つことになった。

社内であれこれ協議したようで、結果が出るまで少し時間がかかったが結果はOKで、『離島甲子園』の大会事務局から日々の試合結果や情報を『47ニュース』側に送れば配信してもらえることになった。併せて、大会の後援に入ることも了承してくれたので、こちらが望んだ通りの結果になった。

八丈島での再会

八丈島での大会は8月27日から30日まで開催されることになっており、大会前日、私は兆治さんや『まさかりドリームス』のメンバーらと空路八丈島に向かった。

宿舎となるホテルに到着すると、待ち構えていた一人の男性が兆治さんに近づいてきた。

「村田さん、お久しぶりです。お会いできるのを楽しみに待っていましたよ」

と右手を差し出した。すると兆治さんが満面の笑みを浮かべて、

「やあ、Aさん。お久しぶり。息子さん、元気にやってますか？」

と言って固く握手を交わしうれしそうに話し始めた。

ロビーの片隅で、二人の話は10分ほど続いた。

戻ってきた兆治さんに聞いてみると、数年前の大会に八丈島チームのエースとして出場した球児の父親だという。

「その子はね。今は野球をやってないんだけど、大工さんとして立派に働いているんだよ。この大会に合わせて今日、島に里帰りして明日は球場に来てくれるそうだ。彼がどんな青年になってるか、会うのが楽しみだよ」

と、とびっきりの笑顔で説明してくれた。

こんなときのマサカリ兆治は話し出したら止まらなくなる。荷物を置きに自室に入

ることも忘れて、ロビーのソファーに腰を下ろして話し出した。

「対馬のBくんは、島外の高校に進んで野球を続けて頑張っているんだよ。沖縄の久米島のCくんは、もう大学生になっていてね……」

と次々と実名を出しながら話し続ける。それぞれの選手が大会で見せたプレーを鮮明に記憶しているだけでなく、その後の進路や職業までしっかり把握しているので、兆治さんにとって、この大会に参加する子どもたちは、我が子同然に思えていたのかもしれない。


翌日から大会が始まった。

開会式ではグラウンドに整列した選手たちを前に大会提唱者としてマイクの前に立った。

まずは、いつもの儀式が始まる。そこでは引退翌年に佐渡で見たのと同じ光景が見られた。

「皆さん、おはようございます！」

「おはようございます!」

「ダメ!　声が小さい!　もう1回、やり直しだ。お・は・よ・う・ご・ざ・い・ま・す!」

選手たちの声のボリュームが上がった。

「お・は・よ・う・ご・ざ・い・ま・す!」

「ヨシッ、今度は合格!」

開会式が終わったあと兆治さんは一つでも多くの試合や選手を見ようと動き回った。初めはメイン会場のネット裏に陣取り第1試合を観戦していたが、試合終了を待たずに「次の会場に行こう」と言って駐車場に向かった。大会は3会場に分かれており、それぞれ距離があるため、車で向かうことになる。

別の会場に到着すると、まだ試合開始まで少し間があったので、グラウンドの外にいたチームを見つけて歩み寄っていく。

「みんな、調子はどうだ?」

声をかけられた球児たちは、大きな体をした大会名誉会長が突然姿を見せたことに驚いて声が出ない。そんなことにお構いなく兆治さんは、

「ピッチャーは、どの子だ？」

と選手たちの顔を見回した。

おずおずとエースの子が手を挙げると『兆治塾』が始まった。

「ちょっとキャッチボールでいいから、投げてごらん」

その子が、チームメート相手に投げ始めると、手取り足取りのコーチングになった。

この熱血指導は20分ほど続いたため、グラウンドでは観戦予定の試合が始まってしまい、兆治さんは指導を切り上げて、小走りにネット裏に移動した。

観戦予定表は兆治さん自身が決めたものだったので、スタッフも同行者もそれが変更されることはないと思って動いていた。そのため、突然の変更は同行者をしばしば慌てさせたが、兆治さんは教えることに熱中しだすと、ほかのことが視野から消えるので、それを気にする様子はまったく見せなかった。

兆治さんの指導の特徴は、それを見つめる監督さんにも、指導するにあたっての注意点を身振り手振りでアドバイスする点にある。一度教えただけでは、選手の悪い癖が戻ってしまうことが多いので、監督さんにも指導のポイントを伝えておけば、いつ悪くなっても対応できるからだ。

大会最終日、決勝戦は島根県の隠岐の島町の『隠岐の島あんやらーず』と沖縄県久米島町の『久米島イーグルス』の対戦となり、接戦になったが、あんやらーずが2対1で勝利し2度目の栄冠を手にした。

トーナメントはこれで全日程を終了。メイン会場では、プロ野球選手会から派遣された方たちが、集まった地元の小学生たちを整列させて『キャッチボール・クラシック』の概要を説明。実際にやってみせてから、プレー開始となった。

このゲームは「相手にボールを投げてグラブでキャッチしたこと」をキャッチボール1回と数え、2分という短い制限時間の中で、その回数を競うため、選手は急ぎすぎて失敗が多くなる。それをスタンドで見ている大人たちからは、叱咤激励の声が矢継ぎ早に飛び、にぎやかになる。

球場がその喧騒に包まれているとき、兆治さんが、『まさかりドリームス』の一員として帯同していた元女房役の袴田英利さんと一緒に球場に入ってきた。そして、フアウルゾーンに空きスペースがあるのを見て取るとそちらに行って、キャッチボールを開始した。野球教室に向けた準備をするためである。最後にマサカリ投法で１４０キロ近い速球を投げるには、入念な準備が必要なのだ。

元ロッテバッテリーのキャッチボールの間隔がどんどん長くなっていくと、スタンドの大人たちの視線がそちらに注がれた。

兆治さんは3年前に還暦を迎えていたが、肩の強さは健在で、相変わらずバックネット前から右翼ポール際まで90メートル近い遠投を難なくこなしていた。現役を引退してから20年以上が過ぎても、体形に何一つ変化はなく、体重は現役時代と同じ78キロ前後を常にキープしていた。

私が初めて関わることになった八丈島大会でも、野球教室の最後に兆治さんの剛速球パフォーマンスが行われ、参加した選手たちは、プロ選手の凄さを目の当たりにして、それぞれの離島へ帰っていった。

第八章

離島甲子園から 3人のプロ選手

佐渡市長として兆治さんを表敬

その後も離島甲子園は出場チームが増えていき、翌２０１３年に壱岐市で開催された第６回大会には22チーム、14年の佐渡大会から18年の種子島大会までは5年連続で23チームが参加。２０１９年に長崎・対馬で行われた第12回大会には26チームが集結した。

ここまで参加チームが増えたことで、関係者の間から規模の小さい離島では開催が難しくなった、という声が聞かれだした。大会を開催するには、会場となる野球場やグラウンドを３つ以上確保する必要があり、保護者を含めると一度に７００〜８００人が島にやってくるため宿泊施設を用意することが困難になるからだ。そのため２０１６年の隠岐大会のように、２度目の開催となるケースも出始めた。

私が運営プロデュース役として、直接この大会に関わったのは２０１２年の八丈島大会と13年の壱岐大会に留まった。２０１４年には故郷の佐渡での開催が予定されていたが、その年の春先、佐渡に赴いて事前の運営打ち合わせを完了した時点で任務を終了させてもらった。

佐渡で暮らす両親が80歳近くになり、長男だったので、その少し前からUターンすることを考えていたのだが、父が病気で倒れたのを機に、戻る決断をしたのだ。

2大会で一緒にやってきた後輩が、運営ノウハウをしっかり身に付けていたので、私は気兼ねなく故郷に戻ることができた。


そのあと私は兆治さんと会う機会がしばらくなかった。

Uターンして、1年もしないうちに周囲の勧めもあって佐渡市長選に立候補することになったからだ。私には地盤も看板もなかったので、第三者からは無謀なチャレンジに見えたと思うが半年間、各地を回っての地道な活動が実ったのか、不可能が可能になった。

一騎打ちの選挙戦で現職に勝利して市長に就任した私は、ほとんど休みも取れないほどの公務スケジュールが組まれる日々を送ることになった。

市長はさまざまな会合、地域の行事やイベントなどに出席して式辞や祝辞を述べる機会も非常に多い。記念式典や、落成式などに呼ばれてテープにハサミを入れることも多々ある。そんな中、就任して間もない２０１６年7月には野球の試合で始球式をやったこともあった。

金田正一さんを中心とするプロ野球ＯＢチームが、佐渡に来て地元の選抜チームと親善試合をしたときのことだ。

その『ドリーム・ベースボール』と銘打たれた野球イベントは野球教室と講演会、プロ野球ＯＢチームと地元選抜チームの試合がセットになっていて、親善試合は1時半に開始されるため、私はその少し前に市営畑野野球場に到着し、関係者と挨拶した後、マウンドに立ち、キャッチャーに投じた1球は大暴投。スタンドの大爆笑を誘ってしまったのを思い出す。

それで役目を終えた私は、球場のネット裏にある控室に足を運んだ。来訪したプロ野球ＯＢチームの名簿に村田兆治の名があったので、挨拶だけでもしておこうと思ったのだ。

市長の仕事は就任前に思っていた以上に多忙で、日々のスケジュールはびっしり入っていたし、面会する人も膨大な数になった。そのため任期中に、離島甲子園が行われている離島に出かけることもできず、いつまた会えるか見通しも立たなかったため、一瞬でもいいから、尊顔を拝しておこうと思ったのだ。

ネット裏の控室に入ると、兆治さんが椅子に腰かけて、他のメンバーと雑談していたので、

「ご無沙汰してます。ようこそ佐渡へ」

と声をかけると、兆治さんは椅子から立ち上がって、

「よう市長」

と右手を差し出してきたので、がっちり握手を交わした。そのあと、いつものぶっきらぼうな口調で、

「元気でやってるのか?」

と問われたので、

「はい、なんとか元気にやってます。兆治さんは、体形も何も変わってませんね」

と応じた。

「まあな。また、そのうち佐渡で離島野球をやると思うから、そのときは頼むよ」

と言うので、

「わかりました」

と返しつつ、相変わらず頭の中は離島甲子園のことで一杯なのだと思った。

その日は日曜日だったが、市長には平日も休日もない。別の会合に出る予定があったので、数分言葉を交わしただけで球場を後にしたが、久しぶりに兆治さんのナマの声を聞けたことで、しばらく気分が高揚していた。


それから6年間、兆治さんと会う機会がなかった。2020年4月の市長選で私は再選ならず、自由になる時間をたくさん持てる身となったが、ちょうどそのころ日本中がコロナ禍に見舞われ、離島甲子園が2年連続で中止になるなど、兆治さんも私も身動きの取れない状態になった。

そのため兆治さんに再会して、久しぶりに兆治節を聞かせてもらったのは、202

2年8月になってからだ。

その年は3年ぶりに離島甲子園が開催されることになり、しかも佐渡市で行われることになったため、今回はじっくり話を聞くことができた。

ただ、大会初日の朝イチから兆治さんのもとに馳せ参じたわけではなく、ひと通りの開会セレモニーが終了する時間を見計らって球場に向かった。そのようにしたのは、大会初日の早い時間帯は、兆治さんが開会式での挨拶などで忙しいため、邪魔をしてはいけないと思ったのだ。それに加え、早めに顔を出して忙しく動き回っている市役所の職員の皆さんに余計な気を遣わせてはいけない、という思いもあった。

市営畑野野球場のグラウンドでは、地元の佐渡中学校3年選抜チームと壱岐市選抜チームの試合が始まっていた。ネット裏の役員控室をのぞくとまさかりドリームスのユニフォームに身を包んだ兆治さんが、子どもたちのプレーに見入っていた。

そのすぐ横には、大会の決勝戦終了後に行われる野球教室で講師を務めるため、兆治さんと一緒に佐渡に来た3人の元プロ選手の顔もあった。兆治さんの女房役だった袴田英利さん、好守の内野手だった水上善雄さん、そして西武やヤクルトの主砲として活躍した鈴木健さんである。

「兆治さん、こんにちは」

と近づいていったところ、いきなり叱られた。

「三浦、遅いんだよ。もっと早く来なきゃダメじゃないか」

大きな声とは裏腹に、その顔は笑っていた。

「まあ、いいや。ほら、ここに座れ」

と促されたので、それに従った。

「ところで今は何やってるんだ？」

と問いかけてきたので、

「晴耕雨読というか、のんびりしながらの年金暮らしというとこですかね」

とありのままに話すと、

「何もしてないのか？　市長をやめてそんなに時間があるんなら、せめてこの島の野球少年のためになることをやってあげなよ。俺より若いんだから、まだ老け込むには早すぎるぞ」

ときた。こちらとしては激励訪問のつもりで来たのだが、逆に尻をひっぱたかれてしまった。

その後のやり取りでも、昔ながらの『兆治節』は健在で、あれこれ喋り続けながら、グラウンドで必死にプレーしている選手たちをうれしそうに眺めていた。

ところが急に顔が険しくなり、首をかしげた。

「三浦、あれを見てどう思う?」

その視線の先にいたのは、塁上に走者がいないにもかかわらずセットポジションで投げ続けているピッチャーだった。

「あの子に限らないんだけど、今の子どもたちは、ほとんどが、ランナーがいない場面でもノーワインドアップかセットポジションで投げるんだよ。試合に勝つために、どうしてもコントロール重視の指導になってしまうんだろうけど、せめてこの年代までは大きく振りかぶって、思いっきり投げ込んでほしいんだよ。それが将来、大きく成長させる力になるんだから。なんか子どものころからこじんまりしてしまうのは、寂しくてしょうがないなあ」

兆治さんは40歳で現役を引退するまで真っ向勝負にこだわり続けた男だった。その口調には、70歳を超えても変わることがない信念が込められていた。

離島甲子園から出た初のプロ選手・菊地大稀

その後、話題は離島甲子園の参加者では初のプロ野球選手になった佐渡出身の菊地大稀に移った。

菊地は中学3年のとき、佐渡市選抜チームのエースとして離島甲子園に出場。その後、佐渡高校に進んで速球の威力を注目されるようになるが、高校3年の夏の大会で1回戦で敗退したことが響いてドラフトで指名を受けられず、桐蔭横浜大に進学。4年生の春までは故障続きだったが、秋に目を見張る活躍をしたことで前年（2021年）10月のドラフト会議で読売ジャイアンツから育成6位指名を受け入団した。

育成枠での指名ではあったが、入団が決まったときは村田兆治氏が主導してきた離島甲子園から初のプロ野球選手が誕生したとして、メディアで大きく報じられた。

それに目を付けたのが日本財団で、2021年度の、顕著な社会貢献をしたスポーツ選手に贈られる『ヒーローズアワード』は、離島の野球振興に尽力してきた兆治さんに贈られることが決まっていたので、表彰式に菊地投手を呼んでトロフィーの授与役をやらせる粋な計らいを見せた。

かつての教え子である菊地投手からトロフィーを手渡された兆治さんは、感極まった表情でそれを受け取ると、菊地投手とグータッチを交わして謝意を伝えた。

兆治さんにとって離島甲子園からプロ選手が誕生することは長年の夢だったので菊地投手の成功を願う気持ちはことのほか強く、様々な助言を与えただけでなく、フォークボールの投げ方を詳細に伝授する熱の入れようだった。

菊地投手は、佐渡島から誕生したプロ野球選手の第1号でもあったため、島内でも、大いに期待されたが、育成枠の6位指名だったため、プロ野球をよく知る人たちは1、2年で、一軍登録選手になることができれば御の字と思っていた。

しかし、菊地投手は予想のはるか上を行く逸材だった。

プロ生活を開始すると186センチの長身から繰り出す150キロ前後の速球とスライダー、フォークを武器に開幕からリリーフ投手として二軍で好投を続け、開幕1カ月後の4月29日に早くも支配下選手に登録され、その日の阪神戦に登板して2イニングを無失点に抑える好投を見せた。

菊地が超スピード出世で一軍入りしたことで、この年の兆治さんはことあるごとに菊地大稀の名を出して話題にするようになった。

「三浦、菊地は佐渡高校出身だから高校の野球部の後輩だろ?」

「はい。小学校も中学校も私と一緒です。もろに地元の後輩なんです」

「初めて見たのはいつだ?」

「彼が高校1年の夏でした。佐渡高校の野球部は、毎年お盆になると佐和田球場で現役とOBの親善試合をやるんですが、もうプレーはできないので、見物に行ったら、

1年生の菊地くんが一塁側のブルペンで投球練習を始めたんです」

「どんなピッチャーに見えた？」

「まだ体の線は細かったけど、しなやかなフォームで伸びのあるストレートを投げ込んでいました。それを見て当時の監督に、いいピッチャーが入ってきたなあ。秋の大会からでも、すぐにエースとして使えるぞ、と言ったのを思い出します」

「なっ、環境に恵まれない島の子でも、頑張っていれば夢が現実になるんだよ。これからもプロが誕生するのが楽しみだよ」


その後も兆治さんは、選手たちのプレーを眺めながらあれこれ解説を加えていたが、グラウンドで進行中の試合がゲームセットを迎えたので席を立った。

「それじゃあ、別の会場に移動してみるかな」

「そうですか。でしたら今日はここで失礼します」

「なんだ、もう帰るのか？」

「ちょっと用があるもので、すいません。また最終日に来ますから」

「そうか。ちゃんと顔出せよ」

と私にクギを刺すと、兆治さんは早足に車に乗り込み、他の会場に向かった。

シンボルは、マサカリ兆治

2日後の大会最終日、トーナメントの決勝戦が終わり、閉会式が行われているときに顔を出した。

このときが兆治さんに会って話をした最後になった。

このあとプロ野球選手会の人たちが進行を担当するキャッチボール・クラシックが予定されていたが、兆治さんは別のことが気になって仕方がない様子だった。

「三浦、ここの球場のマウンドだけど、プレート板の前の土が軟らかすぎるんだよ。ピッチャーがどんどん投げ込みを続けても、あまり穴が掘れないようにもっと硬くしないとダメだな」

「わかりました」

ベンチ裏にいた地元の野球連盟の幹部を見つけ、兆治さんのところへ連れていくと、すぐさま立ち上がった。

二人でマウンドに上がると、プレート板の前の土をスパイクで掘って見せながら土質の改善法の伝授が始まった。

こうなると兆治さんは、もう止まらない。その後しばらくマウンドに留まって土の改善法のレクチャーを行った。それが終わったあと、しばらくキャッチボール・クラシックを眺めていたが、今度は、指導者を引き込んで子どもたちへのピッチング指導法の伝授が始まり、熱血指導はキャッチボール・クラシックが終了したあとも続いた。

村田兆治は、やはり村田兆治だった。

そう思いながら終わるのを待って、別れの挨拶をして球場を後にした。

このときから3カ月後、兆治さんは帰らぬ人となった。

ライフワークと決めていた離島甲子園から、あのような形で離れることになったのだから、兆治さんの無念さを考えると私には言葉がない。

兆治さんが長い年月をかけて堅固な土台を築いてくれたおかげで、離島甲子園はその死後も変わらぬ規模で開催されており、ロッテ時代の女房役で『まさかりドリームス』の中心メンバーでもある袴田英利さんが『大会講師』の肩書で運営に深く関わるようになった。

閉会の辞を述べるとき、袴田さんは講評を述べるとき「村田さんが『君たちは、よく頑張った』と言ってくれていると思います」というフレーズを入れて、兆治さんに最大限の敬意を払っている。さらに表彰式でも兆治さんがやったように選手一人ひとりと握手を交わしながら声をかけている。

また水上善雄さんをはじめとする『まさかりドリームス』の面々も、野球教室のコーチ役として袴田さんを強力にバックアップしている。

キャッチボール・クラシックも離島甲子園の付随イベントとして定着している。ただ、惜しまれるのはそれに尽力してくれたプロ野球選手会の松原徹事務局長が2015年9月に膀胱癌で現職のまま死去し、一度も、キャッチボール・クラシックが離島甲子園の会場で行われるところを見ていないことだ。しかし、その志は後任の森忠仁事務局長に引き継がれ、プロ野球選手会は今もなお離島甲子園を強力に支援してくれている。

離島甲子園から誕生したプロ野球選手の菊地大稀は、プロ2年目の2023年に、生存競争がどこよりも厳しい読売ジャイアンツで一軍に定着し50試合にリリーフ登板、今では重要度の高い場面で登板する機会が多くなっている。

離島甲子園から誕生したプロ野球選手は現在3人になった。

2022年のドラフト会議で、19年の離島甲子園に『龍郷選抜』のエースとして参加した大野稼頭央（奄美大島の大島高校卒）が福岡ソフトバンクホークスから4位指名を受け、さらに同じ2019年の大会に『宮古島アララガマボーイズ』のキャッチャーとして参加した盛島稜大（沖縄・興南高校卒）も同年のドラフトでソフトバンクから育成14位指名を受けたのだ。このことを一番喜んでいるのは「島からプロ野球選手を誕生させること」を目標にして離島甲子園を提唱した兆治さんだろう。

不運に不運が重なって「羽田空港事件」が起きたときは、評判が地に落ちたかのように思われたが、時の経過とともにそれも風化し、兆治さんの生き方の見事さが再認識されるようになった。羽田の事件のあと、私にかけてきた電話で兆治さんは、今回の事件で子どもたちを失望させたので、時間がかかってもいいから信頼を取り戻していきたい、という趣旨のことを語っていたが、離島甲子園に集まる子どもたちは、皆そのこと自体を知らない。だが、シルエット化された「マサカリ投法」が大会のシンボルマークであり、どの子も「村田兆治＝シンボルマークのピッチャー」と認識している。

兆治さんがこの大会の成功と発展に長年多大な努力を傾けてきたことは、これからもしっかりと継承されていくだろう。

そのことを天国にいる兆治さんに報告して筆を置くことにする。

村田兆治 全登板記録 *1968-1990*

試合	年度	日付	対戦球団	回戦	球場	先発	救援	勝敗	打者	打数	投球回	投球数	被安打	被本塁打	与四球	与死球	奪三振	暴投	失点	自責点	シーズン防御率
1	1968年	10月8日(火)	南海	27	(大阪)		中継		10	10	3	39	1	0	0	0	2	0	0	0	0.00
2		10月10日(木)	東映	28	(東京)		完了		15	13	3	60	5	0	1	0	2	0	2	2	3.00
3		10月13日(日)	近鉄	29	(藤井寺)		中継	●	4	4	1	26	2	0	0	0	1	0	1	1	3.86
1	1969年	5月6日(火)	阪急	4	(東京)		完了		8	7	2	32	1	0	1	0	5	0	0	0	0.00
2		5月9日(金)	南海	4	(大阪)		中継		9	8	2	39	2	1	1	0	4	0	2	2	4.50
3		5月13日(火)	東映	3	(東京)		中継		15	13	4	73	2	1	2	0	3	0	1	1	3.38
4		5月14日(水)	東映	4	(東京)		中継		9	9	3	35	0	0	0	0	2	0	0	0	2.45
5		5月15日(木)	東映	5	(東京)		中継		6	5	1	24	1	0	1	0	0	0	1	0	2.25
6		5月18日(日)	西鉄	8	(東京)		中継		10	8	2 1/3	49	2	1	2	0	0	0	2	2	3.21
7		5月23日(金)	南海	7	(大阪)	完封		○	31	27	9	105	5	0	3	0	5	0	0	0	1.96
8		5月31日(土)	阪急	6	(東京)	先発		●	23	19	5 1/3	82	3	0	3	1	0	1	3	3	2.48
9		6月4日(水)	南海	8	(東京)	完封		○	30	27	9	105	1	0	2	0	6	0	0	0	1.89
10		6月8日(日)	西鉄	11	(小倉)	先発		●	32	29	6 2/3	109	8	0	3	0	2	0	5	3	2.25
11		6月10日(火)	阪急	8	(西宮)		中継		15	13	4 1/3	61	1	0	2	0	4	0	0	0	2.02
12		6月11日(水)	阪急	9	(西宮)		中継		4	4	1	15	1	0	0	0	1	0	0	0	1.98
13		6月13日(金)	近鉄	9	(東京)	先発		●	27	21	5 2/3	111	5	0	5	0	5	0	5	5	2.62
14		6月21日(土)	南海	11	(東京)	先発		○	21	19	5	81	6	0	2	0	5	0	2	2	2.70
15		6月24日(火)	西鉄	12	(小倉)		完了		5	4	1 1/3	15	0	0	1	0	0	0	0	0	2.61
16		6月26日(木)	西鉄	13	(平和台)	先発			13	9	2 2/3	56	2	1	4	0	1	0	4	4	3.09
17		6月27日(金)	南海	12	(大阪)		完了		8	7	2	30	1	0	1	0	2	0	0	0	3.00
18		7月12日(土)	東映	9	(神宮)	先発		●	23	18	5	86	3	0	4	0	3	0	3	3	3.17
19		7月27日(日)	東映	13	(東京)		中継		2	2	2/3	7	0	0	0	0	1	0	0	0	3.13
20		7月29日(火)	阪急	11	(西宮)		中継		16	10	3 2/3	66	3	0	3	0	1	0	3	2	3.20
21		8月5日(火)	南海	14	(東京)	先発		●	5	3	1/3	19	3	0	1	0	0	1	3	3	3.55
22		8月19日(火)	南海	17	(大阪)		中継		1	1	1/3	2	0	0	0	0	0	0	0	0	3.55
23		8月24日(日)	近鉄	21	(日生)		中継		9	8	2	42	3	0	1	0	2	0	1	1	3.58
24		8月29日(金)	東映	17	(東京)	先発			12	12	3	51	3	2	0	0	3	0	2	2	3.67
25		8月31日(日)	東映	20	(東京)	完封		○	33	29	9	143	3	0	4	0	9	0	0	0	3.30
26		9月6日(土)	近鉄	23	(日生)	先発		●	20	14	4	71	3	0	5	0	1	0	3	3	3.45
27		9月9日(火)	南海	20	(大阪)		中継		4	2	2/3	22	1	0	2	0	0	1	0	0	3.41
28		9月14日(日)	東映	22	(東京)	完封		○	35	30	9	135	4	0	4	0	3	0	0	0	3.12
29		9月19日(金)	南海	22	(東京)	完封		○	32	30	9	112	4	0	1	0	3	1	0	0	2.87
30		9月23日(火)	西鉄	19	(小倉)	先発		●	20	17	4 1/3	77	6	0	1	0	1	0	4	2	2.92
31		9月26日(金)	阪急	21	(西宮)	先発			17	11	3	73	3	1	5	0	3	1	4	4	3.15
32		9月28日(日)	阪急	24	(西宮)	先発			26	20	4 2/3	98	7	1	6	0	2	0	3	3	3.24
33		10月4日(土)	東映	24	(後楽園)	先発			22	21	5 2/3	66	5	1	1	0	2	0	1	1	3.16
34		10月10日(金)	近鉄	26	(日生)		中継		3	3	1	8	0	0	0	0	1	0	0	0	3.14
35		10月12日(日)	南海	25	(大阪)	先発			25	23	6	101	6	0	2	0	4	0	2	2	3.13
36		10月14日(火)	阪急	26	(東京)		中継	●	13	9	2 1/3	60	2	0	4	0	4	0	4	4	3.34
37		10月17日(金)	東映	26	(東京)	先発			31	27	6 1/3	98	10	2	3	1	2	0	6	6	3.58
1	1970年	4月12日(日)	南海	2	(東京)		中継		16	15	4	65	3	2	1	0	1	1	4	4	9.00
2		4月15日(水)	西鉄	2	(平和台)		完了		3	3	1	12	0	0	0	0	1	0	0	0	7.20
3		4月19日(日)	近鉄	2	(藤井寺)	完投		○	36	30	9	137	6	0	5	0	4	1	3	3	4.50
4		4月22日(水)	東映	2	(東京)	先発		●	28	24	5 2/3	111	8	0	3	0	4	1	3	3	4.50
5		5月2日(土)	西鉄	5	(東京)	先発		●	14	11	2 1/3	52	6	1	1	0	3	0	4	4	5.73
6		5月15日(金)	南海	5	(東京)	完投		○	32	28	9	96	3	0	2	0	5	0	2	2	4.65
7		5月22日(金)	南海	7	(大阪)	先発		●	6	3	1/3	21	2	1	3	0	0	0	3	3	5.52
8		5月27日(水)	東映	7	(東京)	先発		○	34	29	8	118	10	1	4	1	7	0	2	2	4.85
9		5月31日(日)	阪急	5	(東京)	先発		●	13	11	2 1/3	47	4	0	2	0	3	0	3	1	4.71
10		6月28日(日)	近鉄	13	(西京極)		完了		6	6	2	21	0	0	0	0	1	0	0	0	4.50
11		6月30日(火)	東映	11	(後楽園)		完了		5	4	1	20	1	0	1	0	0	0	1	0	4.40
12		7月26日(日)	東映	15	(東京)		完了	○	23	20	6 1/3	82	2	0	1	2	5	0	0	0	3.88

試合	年度	日付	対戦球団	回戦	球場	先発	救援	勝敗	打者	打数	投球回	投球数	被安打	被本塁打	与四球	与死球	奪三振	暴投	失点	自責点	シーズン防御率
13		7月30日(木)	南海	14	(大阪)	先発			20	15	4 1/3	78	3	0	4	0	5	0	3	2	3.93
14		8月6日(木)	南海	17	(東京)	先発		○	31	28	8 0/3	124	4	0	3	0	1	0	5	5	4.14
15		8月9日(日)	近鉄	20	(東京)		中継	●	6	4	2/3	31	2	0	2	0	1	0	3	3	4.50
16	1970年	8月13日(木)	東映	17	(神宮)		完了		5	5	1	26	3	0	0	0	1	0	2	2	4.71
17		8月22日(土)	南海	18	(大阪)	先発		●	12	12	2 1/3	34	5	0	0	0	1	0	4	2	4.84
18		8月28日(金)	東映	18	(東京)		中継		6	6	1/3	16	4	0	0	0	0	0	3	1	4.90
19		9月9日(水)	阪急	17	(西宮)	先発			22	19	5	69	4	0	3	0	1	0	3	2	4.81
20		9月27日(日)	東映	23	(東京)		中継		15	12	3	50	3	1	3	0	1	0	1	1	4.74
21		10月23日(金)	阪急	26	(東京)	先発			18	13	3 1/3	69	3	1	5	0	3	0	2	2	4.78
1		4月11日(日)	近鉄	3	(東京)	先発		●	9	6	1 1/3	37	3	1	1	1	1	0	5	5	45.00
2		4月13日(火)	阪急	1	(東京)		完了		2	1	1/3	10	0	0	1	0	1	0	0	0	22.50
3		4月16日(金)	東映	1	(後楽園)	先発			18	16	4	76	4	1	2	0	4	0	2	2	10.50
4		4月18日(日)	東映	2	(後楽園)		中継		3	3	1	9	0	0	0	0	0	0	0	0	9.00
5		4月21日(水)	南海	2	(東京)	完投		○	36	32	9	138	6	1	3	1	6	0	4	4	6.19
6		4月27日(火)	南海	3	(大阪)	先発			35	29	7 1/3	128	8	1	5	0	5	0	3	3	5.48
7		5月2日(日)	東映	4	(東京)	完投		○	44	40	10	141	9	2	2	0	5	0	2	2	4.36
8		5月9日(日)	近鉄	5	(日生)	先発		●	28	24	6 2/3	113	7	3	2	0	9	0	4	4	4.50
9		5月14日(金)	阪急	5	(東京)	先発		●	39	37	10 1/3	133	6	2	2	0	6	0	3	2	3.96
10		5月18日(火)	東映	6	(後楽園)	先発		○	27	24	7 0/3	94	4	0	3	0	3	1	1	1	3.63
11		5月25日(火)	近鉄	7	(日生)	完投		○	34	30	9	115	6	0	2	0	5	1	2	1	3.27
12		6月8日(火)	南海	5	(大阪)	先発			31	29	8 1/3	109	6	1	2	0	2	0	4	4	3.41
13		6月11日(金)	阪急	8	(西宮)		完了	●	11	11	2 1/3	43	4	1	0	0	2	0	3	3	3.62
14		6月13日(日)	阪急	9	(西宮)		中継		5	5	2/3	18	3	0	0	0	0	0	2	1	3.74
15		6月17日(木)	南海	9	(東京)	先発		●	22	20	3 2/3	72	10	1	2	0	6	0	5	4	4.00
16		6月20日(日)	西鉄	14	(東京)		中継		10	8	2	47	2	0	2	0	3	0	0	0	3.90
17		6月23日(水)	南海	11	(大阪)	完投		○	32	30	9	121	3	1	2	0	2	0	1	1	3.62
18		6月26日(土)	西鉄	16	(平和台)		完了		4	4	1	19	1	1	0	0	1	0	1	1	3.68
19	1971年	6月29日(火)	近鉄	12	(日生)	先発		●	10	8	2 0/3	45	3	0	1	0	1	0	2	0	3.60
20		7月6日(火)	近鉄	14	(東京)	完投		○	35	34	9	127	7	2	1	0	11	0	3	3	3.55
21		7月10日(土)	南海	14	(東京)	完投		○	34	29	9	129	5	0	4	1	11	1	1	1	3.35
22	(没収試合)	7月13日(火)	阪急	10	(西宮)		完了		2	1	1/3	11	0	0	1	0	0	0	0	0	3.35
23		7月15日(木)	阪急	12	(西宮)		中継		8	8	1 2/3	36	3	0	0	0	1	1	0	0	3.29
24		7月22日(木)	阪急	13	(東京)		中継		2	2	1/3	7	1	0	0	0	0	0	0	0	3.29
25		7月24日(土)	東映	12	(東京)	先発		○	28	25	7	88	5	0	3	0	2	0	3	3	3.32
26		7月27日(火)	近鉄	17	(東京)	先発		●	30	25	8	104	5	1	3	0	3	0	4	3	3.32
27		7月30日(金)	阪急	15	(西宮)	先発		○	24	22	5 2/3	90	6	0	2	0	3	0	2	2	3.31
28		7月31日(土)	阪急	17	(西宮)		中継		5	4	1	18	2	1	1	0	0	0	1	1	3.35
29		8月4日(水)	東映	16	(東京)	先発		●	25	19	5	86	7	1	3	0	2	2	4	4	3.49
30		8月6日(金)	西鉄	18	(東京)		完了		4	4	1	22	1	0	0	0	1	1	1	1	3.52
31		8月7日(土)	西鉄	19	(東京)		完了		6	6	2	19	0	0	0	0	3	0	0	0	3.48
32		8月10日(火)	南海	17	(東京)		完了		10	9	3	28	1	0	1	0	0	0	0	0	3.41
33		8月14日(土)	東映	18	(神宮)	完封		○	33	29	9	114	4	0	2	1	6	1	0	0	3.21
34		8月15日(日)	東映	20	(神宮)		中継		4	4	1/3	12	3	2	0	0	0	0	3	3	3.38
35		8月19日(木)	西鉄	23	(平和台)	完投		○	37	33	9	125	12	0	1	1	5	0	1	1	3.25
36		8月22日(日)	南海	22	(大阪)	先発			29	25	5	98	10	0	2	1	1	1	6	5	3.42
37		8月29日(日)	阪急	21	(東京)	先発			6	5	1	27	2	1	0	0	1	0	3	2	3.51
38		9月8日(水)	東映	21	(東京)	先発			18	18	5 0/3	67	4	1	0	0	0	0	2	2	3.51
39		9月15日(水)	近鉄	26	(東京)	先発			17	15	4	65	3	0	2	0	3	0	1	1	3.48
40		9月20日(月)	阪急	24	(西宮)		完了		8	6	2	30	0	0	2	0	0	0	0	0	3.44
41		9月21日(火)	西鉄	25	(小倉)		完了		8	8	2	30	2	0	0	0	2	0	0	0	3.41
42		9月22日(水)	西鉄	26	(小倉)	先発		○	30	29	7	116	11	0	1	0	4	0	1	1	3.33
43		10月2日(土)	東映	24	(後楽園)	先発			10	9	2	42	4	0	0	1	1	0	2	1	3.34

試合	年度	日付	対戦球団	回戦	球場	先発	救援	勝敗	打者	打数	投球回	投球数	被安打	被本塁打	与四球	与死球	奪三振	暴投	失点	自責点	シーズン防御率
1	1972年	4月13日（木）	阪急	2	（西宮）		完了		3	3	1	10	0	0	0	0	2	0	0	0	0.00
2		4月16日（日）	南海	2	（大阪）	先発		○	21	18	5 0/3	82	3	1	3	0	2	0	2	2	3.00
3		4月23日（日）	東映	2	（東京）	先発		●	14	12	3	63	4	2	2	0	0	0	4	4	6.00
4		4月28日（金）	東映	4	（後楽園）		中継	○	21	17	3 2/3	72	6	1	4	0	0	1	5	5	7.62
5		5月6日（土）	阪急	4	（東京）		中継		8	6	1 1/3	25	2	1	2	0	0	0	1	1	7.71
6		5月11日（木）	西鉄	4	（東京）		完了	○	32	29	7	106	9	0	3	0	2	0	1	1	5.57
7		5月13日（土）	東映	8	（後楽園）		完了		8	6	1	25	3	0	1	1	1	0	2	2	6.14
8		5月17日（水）	近鉄	5	（日生）		完了		17	14	5	55	1	0	1	2	4	0	0	0	5.00
9		5月21日（日）	西鉄	7	（平和台）	先発		●	11	11	2 0/3	43	5	2	0	0	2	0	5	4	5.90
10		5月24日（水）	阪急	7	（東京）		完了		3	3	1	11	0	0	0	0	1	0	0	0	5.70
11		5月28日（日）	南海	6	（大阪）		中継		7	7	1 2/3	22	2	0	0	0	4	0	0	0	5.34
12		5月30日（火）	東映	9	（東京）		中継		11	10	2	45	4	1	1	0	1	0	3	3	5.82
13		9月27日（水）	近鉄	22	（東京）	先発			22	18	5 1/3	90	5	2	2	0	6	0	4	4	6.00
14		10月5日（木）	阪急	24	（西京極）		完了	●	8	8	2	32	3	0	0	0	2	1	1	1	5.93
15		10月7日（土）	西鉄	25	（東京）		中継		12	10	2	47	5	0	1	0	2	0	3	3	6.28
16		10月12日（木）	近鉄	24	（藤井寺）	先発			15	13	3	51	4	0	2	0	1	1	3	3	6.46
1	1973年	4月14日（土）	太平洋	1	（平和台）		完了	●	1	1	0/3	7	1	1	0	0	0	0	1	1	—
2		4月19日（木）	日拓	3	（後楽園）	先発		●	18	13	4	81	2	0	5	0	3	0	2	2	6.75
3		4月22日（日）	阪急	3	（後楽園）	先発		○	31	23	7 0/3	136	3	0	7	0	6	1	2	1	3.27
4		4月25日（水）	近鉄	2	（川崎）		完了		7	7	2 2/3	25	0	0	0	0	2	0	0	0	2.57
5		4月28日（土）	南海	1	（川崎）	先発			33	26	7 1/3	138	5	0	7	0	8	0	0	0	1.71
6		5月4日（金）	近鉄	4	（日生）	先発		○	30	25	7 1/3	120	4	0	5	0	7	0	2	2	1.93
7		5月9日（水）	阪急	5	（西京極）	先発			9	5	1 2/3	39	2	0	3	0	2	0	2	2	2.40
8		5月10日（木）	阪急	6	（西京極）		中継		8	7	2	26	2	0	0	0	1	0	1	1	2.53
9		5月13日（日）	南海	6	（徳島蔵本）	完投		●	28	26	8	96	7	1	1	0	2	0	2	2	2.48
10		5月18日（金）	阪急	7	（川崎）		中継		6	5	1	30	2	0	0	0	1	0	1	0	2.41
11		5月19日（土）	阪急	8	（川崎）	先発			11	5	1 2/3	44	1	0	4	1	0	1	1	0	2.30
12		5月23日（水）	近鉄	9	（仙台）	先発		●	16	14	2 1/3	73	5	1	2	0	1	0	5	4	3.00
13		5月23日（水）	近鉄	10	（仙台）		完了		3	3	1	13	0	0	0	0	2	0	0	0	2.93
14		5月25日（金）	日拓	6	（後楽園）		完了		8	7	2	26	1	0	0	0	3	1	0	0	2.81
15		5月26日（土）	日拓	7	（後楽園）		中継		6	6	1	33	3	0	0	0	1	1	2	2	3.12
16		5月30日（水）	南海	10	（後楽園）		中継		2	0	0/3	8	0	0	2	0	0	0	1	0	3.12
17		6月2日（土）	太平洋	5	（平和台）		中継		5	4	1	22	1	0	1	0	2	0	0	0	3.06
18		6月2日（土）	太平洋	6	（平和台）		完了	○	15	14	4	65	2	0	1	0	4	1	0	0	2.83
19		6月7日（木）	近鉄	12	（日生）		完了		4	4	1 1/3	27	0	0	0	0	2	0	0	0	2.78
20		6月9日（土）	太平洋	8	（仙台）		完了		8	7	2	38	1	0	1	0	2	0	0	0	2.68
21		6月10日（日）	太平洋	9	（仙台）	先発			14	11	3	44	2	0	3	0	0	0	3	1	2.70
22		6月14日（木）	日拓	10	（仙台）		完了		10	9	2	46	3	0	0	1	1	0	0	0	2.61
23		6月16日（土）	阪急	11	（西京極）	先発		●	17	15	4	63	5	0	1	0	0	0	2	2	2.73
24		6月19日（火）	南海	11	（大阪）		完了		6	6	2	18	0	0	0	0	1	0	0	0	2.65
25		6月21日（木）	南海	13	（大阪）	先発			25	21	5 1/3	80	6	0	3	0	3	0	2	2	2.68
26		6月23日（土）	太平洋	11	（神宮）		中継	●	9	8	2 1/3	38	2	0	1	0	0	0	2	2	2.84
27		8月23日（木）	太平洋	6	（神宮）	先発		●	8	6	1/3	25	6	0	1	0	0	0	7	6	3.55
28		8月29日（水）	南海	5	（大阪）	先発		●	7	6	2/3	25	3	0	1	0	1	0	3	1	3.62
29		9月2日（日）	日拓	7	（川崎）	先発		●	33	31	8	118	8	0	2	0	8	0	2	1	3.39
30		9月8日（土）	南海	7	（仙台）	完投		○	33	29	9	126	4	1	4	0	8	1	1	1	3.16
31		9月12日（水）	太平洋	8	（平和台）	完封		○	31	28	9	116	3	0	2	0	3	0	0	0	2.88
32		9月16日（日）	南海	13	（大阪）	先発			24	22	6	100	5	0	2	0	5	0	2	2	2.89
33		9月19日（水）	阪急	6	（仙台）	完投		●	38	32	9	156	6	1	6	0	4	0	3	3	2.90
34		9月23日（日）	太平洋	9	（西京極）	先発		○	26	22	5	96	7	0	3	1	1	0	5	5	3.15
35		9月26日（水）	近鉄	9	（仙台）	先発			26	25	7	110	5	0	0	0	4	0	2	2	3.12
36		10月1日（月）	阪急	10	（西宮）	先発		●	11	6	1 2/3	38	2	0	3	1	0	0	5	5	3.41
37		10月3日（水）	日拓	9	（後楽園）	完投		○	37	33	9	127	7	1	4	0	4	0	1	1	3.26

試合	年度	日付	対戦球団	回戦	球場	先発	救援	勝敗	打者	打数	投球回	投球数	被安打	被本塁打	与四球	与死球	奪三振	暴投	失点	自責点	シーズン防御率
38	1973年	10月8日(月)	阪急	12	(西京極)	先発			15	14	2 1/3	59	7	0	1	0	3	0	5	3	3.40
39		10月12日(金)	近鉄	12	(仙台)	完投		○	30	30	9	105	6	0	0	0	7	0	1	1	3.26
40		10月16日(火)	日拓	13	(静岡)		中継		23	20	5	92	5	0	3	0	2	0	1	1	3.21
1	1974年	4月7日(日)	阪急	2	(仙台)		中継		10	10	2	48	4	0	0	0	0	0	1	1	4.50
2		4月13日(土)	日本ハム	1	(後楽園)		中継		8	6	2	21	2	1	1	0	0	0	2	2	6.75
3		4月18日(木)	近鉄	3	(日生)	先発			8	3	1 0/3	40	1	0	3	0	1	0	1	1	7.20
4		4月24日(水)	南海	2	(仙台)	先発			25	21	5 0/3	94	6	0	4	0	2	0	0	0	3.60
5		4月29日(月)	太平洋	6	(川崎)	先発		○	36	31	7 2/3	124	10	0	4	0	4	0	5	2	3.00
6		5月3日(金)	日本ハム	5	(川崎)	完投		○	34	32	9	136	5	0	2	0	4	0	3	1	2.33
7		5月10日(金)	南海	7	(後楽園)	先発		●	36	27	7	136	6	1	8	0	2	0	7	6	3.44
8		5月14日(火)	日本ハム	6	(後楽園)	先発		●	12	11	2	39	6	1	1	0	1	1	3	3	4.00
9		5月19日(日)	近鉄	7	(藤井寺)	先発			11	9	2 1/3	32	4	0	1	1	1	0	4	4	4.74
10		5月21日(火)	太平洋	7	(平和台)	先発		●	23	16	4 2/3	114	3	0	5	1	7	0	3	3	4.81
11		5月26日(日)	阪急	8	(西宮)	先発		●	20	17	5	90	5	0	2	0	4	1	2	1	4.50
12		6月1日(土)	近鉄	9	(川崎)	先発			19	14	4 0/3	104	2	0	5	0	4	1	1	1	4.33
13		6月6日(木)	南海	13	(大阪)	先発		●	11	11	2 2/3	53	4	1	0	0	4	0	2	1	4.33
14		6月9日(日)	日本ハム	10	(後楽園)	完投		○	34	31	9	134	6	0	1	1	2	1	2	2	4.00
15		6月15日(土)	太平洋	12	(平和台)	完投		○	36	30	9	141	6	0	5	0	4	1	3	3	3.88
16		6月20日(木)	日本ハム	12	(後楽園)	完投		○	34	27	9	125	3	0	3	1	8	0	1	1	3.56
17		6月26日(水)	近鉄	13	(後楽園)	完投		○	38	33	9	159	4	2	5	0	10	0	3	2	3.40
18		7月9日(火)	阪急	1	(西宮)	完投		○	36	30	9	151	6	1	4	1	2	1	4	2	3.27
19		7月14日(日)	近鉄	2	(仙台)	先発			30	24	8 0/3	128	2	0	5	1	4	1	2	2	3.20
20		7月28日(日)	太平洋	2	(平和台)	先発			27	22	6 2/3	113	4	0	3	1	5	0	1	1	3.08
21		8月2日(金)	日本ハム	3	(神宮)	完投		○	35	32	9	120	8	0	2	0	3	0	1	1	2.93
22		8月7日(水)	南海	2	(仙台)	先発			10	9	2/3	30	6	0	1	0	0	0	8	0	2.90
23		8月10日(土)	太平洋	4	(仙台)	先発		●	22	21	6	70	4	1	1	0	4	0	2	1	2.84
24		8月20日(火)	日本ハム	7	(後楽園)	先発		○	29	24	5 2/3	109	7	1	3	2	3	0	3	3	2.93
25		8月25日(日)	近鉄	7	(仙台)	先発		●	32	26	7	135	9	0	5	0	5	2	5	4	3.04
26		8月31日(土)	近鉄	10	(日生)	先発		●	26	20	6	106	5	0	6	0	4	0	3	3	3.10
27		9月4日(水)	太平洋	7	(平和台)	先発		●	30	26	7 0/3	115	7	0	4	0	6	0	1	1	3.02
28		9月12日(木)	太平洋	11	(静岡)	完封		○	32	31	9	107	4	0	0	1	7	2	0	0	2.85
29		9月16日(月)	南海	9	(大阪)	先発		○	23	22	5 1/3	83	7	0	1	0	1	0	1	1	2.81
30		9月19日(木)	南海	12	(大阪)		完了	S	6	6	2	22	1	0	0	0	1	0	0	0	2.77
31		9月22日(日)	日本ハム	12	(静岡)		完了	○	3	2	1	13	0	0	1	0	1	0	0	0	2.76
32		9月25日(水)	南海	13	(仙台)	先発		●	29	26	8	93	4	1	1	1	4	0	1	1	2.69
1	1975年	4月5日(土)	南海	1	(仙台)	先発		○	30	27	8 0/3	115	5	0	1	0	1	0	2	0	0.00
2		4月10日(木)	日本ハム	2	(後楽園)	完封		○	31	26	9	110	1	0	4	0	3	0	0	0	0.00
3		4月15日(火)	太平洋	1	(後楽園)	完投		●	37	30	9	154	6	1	7	0	4	0	2	2	0.69
4		4月20日(日)	日本ハム	5	(川崎)	先発		●	31	29	7	91	9	3	1	1	3	0	6	6	2.18
5		4月26日(土)	近鉄	3	(仙台)	先発		○	31	28	7 1/3	125	6	2	3	0	7	0	3	3	2.48
6		4月30日(水)	阪急	1	(西宮)	先発		●	16	12	3	63	4	2	3	0	2	0	5	5	3.35
7		5月5日(月)	南海	4	(大阪)	完投		●	28	24	8	106	1	0	4	0	2	1	1	1	3.00
8		5月11日(日)	日本ハム	8	(後楽園)		完了	●	15	12	3 0/3	49	2	1	1	0	1	0	2	1	3.00
9		5月15日(木)	南海	7	(後楽園)		完了	○	12	11	3 2/3	49	0	0	0	0	0	0	0	0	2.79
10		5月16日(金)	近鉄	6	(日生)		完了	S	3	2	1	8	0	0	0	0	1	0	0	0	2.75
11		5月20日(火)	太平洋	7	(平和台)	完封		○	30	29	9	109	2	0	1	0	7	0	0	0	2.38
12		5月24日(土)	阪急	6	(後楽園)	完投		○	36	31	9	150	6	0	4	0	5	0	2	0	2.10
13		5月28日(水)	近鉄	11	(仙台)		完了	●	14	14	3	48	5	0	0	0	3	0	2	1	2.14
14		5月31日(土)	太平洋	11	(川崎)	完投		●	40	33	9	155	7	0	5	1	6	0	4	4	2.33
15		6月5日(木)	南海	10	(大阪)	完投		●	37	34	8	120	12	0	2	0	3	0	4	4	2.51
16		6月10日(火)	日本ハム	9	(仙台)	完投		○	39	37	9	139	8	1	2	0	9	0	4	3	2.55
17		6月22日(日)	南海	11	(大阪)	完投		●	34	29	8	146	6	2	4	1	1	0	5	5	2.76
18		7月1日(火)	日本ハム	13	(仙台)		完了	S	8	8	2	33	2	0	0	0	0	0	0	0	2.72

試合	年度	日付	対戦球団	回戦	球場	先発	救援	勝敗	打者	打数	投球回	投球数	被安打	被本塁打	与四球	与死球	奪三振	暴投	失点	自責点	シーズン防御率
19		7月9日(水)	阪急	2	(西宮)		完了	S	7	6	2	34	0	0	1	0	2	0	0	0	2.67
20		7月13日(日)	太平洋	1	(仙台)	完投		○	34	31	9	127	6	0	2	1	5	0	2	2	2.62
21		7月17日(木)	日本ハム	3	(神宮)		中継		16	14	4 1/3	49	4	0	1	0	2	0	1	0	2.54
22		7月26日(土)	近鉄	1	(長岡)	先発			33	26	8 0/3	135	4	1	5	1	5	0	3	2	2.53
23		7月31日(木)	南海	3	(大阪)		完了		21	20	6	84	2	0	1	0	8	0	0	0	2.42
24		8月3日(日)	阪急	6	(川崎)	先発		●	15	13	3 0/3	68	5	1	2	0	4	1	4	4	2.61
25		8月9日(土)	近鉄	5	(仙台)		完了	○	7	7	2 1/3	26	0	0	0	0	3	0	0	0	2.56
26		8月10日(日)	近鉄	7	(仙台)		完了	S	15	12	4	59	1	0	2	0	2	0	0	0	2.50
27		8月13日(水)	日本ハム	5	(神宮)		完了	●	10	9	2	37	2	0	1	0	3	0	1	1	2.52
28	1975年	8月15日(金)	太平洋	3	(平和台)		完了		16	13	4 1/3	58	3	0	1	0	5	0	0	0	2.46
29		8月20日(水)	阪急	8	(西宮)		完了	S	12	11	3 2/3	50	1	0	1	0	3	0	0	0	2.40
30		8月30日(土)	太平洋	7	(平和台)		完了	S	10	10	3	34	2	0	0	0	3	0	0	0	2.36
31		8月30日(土)	太平洋	8	(平和台)		完了	S	12	10	3	49	1	0	2	0	3	0	1	1	2.37
32		9月3日(水)	近鉄	10	(仙台)	完投		●	38	35	10	139	7	1	3	0	8	0	2	2	2.34
33		9月7日(日)	日本ハム	9	(仙台)		完了	S	4	4	1	10	1	0	0	0	2	0	0	0	2.32
34		9月10日(水)	近鉄	12	(日生)		完了	S	8	7	2	36	2	0	0	0	4	1	0	0	2.30
35		9月15日(月)	日本ハム	13	(後楽園)		完了	S	2	2	1	8	0	0	0	0	0	0	0	0	2.29
36		9月17日(水)	南海	10	(大阪)		完了		7	6	2	12	1	0	0	0	0	0	0	0	2.26
37		9月20日(土)	太平洋	10	(仙台)		完了	S	2	2	1	7	0	0	0	0	0	0	0	0	2.25
38		9月22日(月)	太平洋	13	(仙台)		完了	S	5	5	1	9	2	0	0	0	0	0	0	0	2.24
39		9月25日(木)	南海	12	(川崎)		完了	S	13	11	3	48	2	0	1	1	0	0	0	0	2.20
1		4月3日(土)	日本ハム	1	(後楽園)	先発		●	25	24	5 1/3	76	8	0	0	0	2	0	6	3	5.40
2		4月7日(水)	太平洋	2	(平和台)		完了	○	15	14	4	59	3	1	1	0	3	0	1	1	4.00
3		4月11日(日)	阪急	3	(仙台)	完投		●	38	34	9	148	8	0	2	2	7	0	3	3	3.50
4		4月15日(木)	近鉄	2	(後楽園)		完了	○	19	19	5 1/3	67	5	1	0	0	7	0	1	1	3.00
5		4月18日(日)	太平洋	6	(仙台)		完了		11	11	3	45	3	0	0	0	1	0	1	1	3.00
6		4月25日(日)	阪急	6	(西宮)		完了	●	14	12	2 2/3	60	6	0	1	0	3	1	3	3	3.72
7		4月29日(木)	南海	3	(仙台)	完封		○	36	33	9	141	8	0	3	0	6	0	0	0	2.84
8		5月5日(水)	南海	4	(大阪)	完投		●	42	35	10 1/3	170	6	0	6	1	6	0	2	2	2.57
9		5月9日(日)	太平洋	9	(平和台)	先発			13	12	2 0/3	51	7	0	1	0	1	1	3	2	2.82
10		5月11日(火)	日本ハム	5	(後楽園)	先発		○	31	29	8 1/3	126	6	0	2	0	9	2	2	2	2.75
11		5月15日(土)	南海	7	(川崎)		完了	○	10	10	2 1/3	48	3	0	0	0	2	0	0	0	2.66
12		5月16日(日)	南海	8	(川崎)		完了		8	7	2	34	1	0	1	0	4	0	0	0	2.57
13		5月18日(火)	太平洋	11	(後楽園)		完了	S	6	6	1 2/3	18	1	0	0	0	2	0	0	0	2.49
14		5月19日(水)	太平洋	12	(後楽園)		完了	○	12	11	3	46	3	0	0	0	4	0	1	0	2.38
15	1976年	5月22日(土)	阪急	7	(後楽園)		完了	S	12	12	3 2/3	52	2	0	0	0	6	0	0	0	2.25
16		5月26日(水)	近鉄	5	(西京極)		中継		15	11	3 1/3	69	3	0	3	0	3	1	0	0	2.16
17		5月28日(金)	日本ハム	8	(川崎)		完了		14	14	4	53	2	0	0	0	9	0	0	0	2.05
18		5月29日(土)	日本ハム	9	(川崎)		完了		2	2	2/3	7	0	0	0	0	0	0	0	0	2.03
19		5月30日(日)	日本ハム	10	(川崎)		完了		14	13	3 2/3	46	2	1	1	0	4	0	2	2	2.17
20		6月3日(木)	南海	12	(大阪)		完了	○	11	11	3	38	2	0	0	0	3	0	0	0	2.09
21		6月10日(木)	近鉄	8	(仙台)		完了	S	12	11	2 2/3	44	3	0	1	0	3	0	0	0	2.02
22		6月12日(土)	日本ハム	12	(後楽園)		完了	S	17	16	3 2/3	58	5	2	0	1	4	0	2	2	2.13
23		6月16日(水)	阪急	10	(川崎)	先発		●	31	24	7	118	6	0	5	0	7	0	6	5	2.43
24		6月21日(月)	近鉄	10	(神宮)		完了		5	4	1	19	1	0	1	0	1	0	0	0	2.41
25		6月24日(木)	阪急	11	(西宮)	完投		●	38	33	8	139	11	0	3	1	5	0	8	2	2.39
26		7月2日(金)	南海	1	(大阪)	完封		○	29	27	9	110	1	0	2	0	8	0	0	0	2.21
27		7月5日(月)	南海	4	(大阪)		完了		8	6	1 1/3	33	2	0	1	1	0	0	1	1	2.27
28		7月8日(木)	太平洋	2	(平和台)		完了	●	9	7	1 2/3	35	2	0	2	0	0	1	1	1	2.31
29		7月11日(日)	日本ハム	3	(仙台)	完投		○	34	31	9	124	4	0	3	0	5	0	1	0	2.15
30		7月15日(木)	太平洋	5	(後楽園)	完投		○	36	34	9	139	9	1	2	0	8	1	3	3	2.20
31		7月25日(日)	阪急	3	(西宮)	完封		○	36	30	9	144	3	0	5	1	10	1	0	0	2.07
32		7月28日(水)	近鉄	2	(神宮)		完了	○	5	5	1	20	2	0	0	0	0	0	0	0	2.05

試合	年度	日付	対戦球団	回戦	球場	先発	救援	勝敗	打者	打数	投球回	投球数	被安打	被本塁打	与四球	与死球	奪三振	暴投	失点	自責点	シーズン防御率
33	1976年	7月29日（木）	近鉄	3	（神宮）		完了	○	14	14	3	49	5	0	0	0	6	2	1	1	2.07
34		7月31日（土）	日本ハム	4	（札幌円山）		完了		10	10	2 2/3	27	3	1	0	0	0	0	2	2	2.16
35		8月4日（水）	南海	5	（仙台）	完封		○	34	30	9	119	4	0	4	0	2	0	0	0	2.04
36		8月8日（日）	阪急	6	（神宮）	完投		○	34	33	9	117	5	0	1	0	6	0	2	1	1.99
37		8月12日（木）	近鉄	6	（日生）	完投		○	31	29	9	119	3	0	1	0	9	1	1	1	1.94
38		8月17日（火）	南海	6	（大阪）	完投		●	30	29	8	85	6	0	1	0	3	0	1	1	1.90
39		8月21日（土）	近鉄	8	（ナゴヤ）	先発		●	34	29	7 1/3	120	8	1	4	1	4	1	2	2	1.92
40		8月29日（日）	阪急	7	（西宮）	完投		○	34	29	9	130	4	0	4	0	8	1	1	1	1.88
41		9月2日（木）	南海	9	（仙台）	完封		○	34	32	9	135	5	0	2	0	4	0	0	0	1.80
42		9月6日（月）	阪急	11	（仙台）	完投		○	39	35	9	149	9	1	4	0	9	0	2	2	1.81
43		9月10日（金）	日本ハム	8	（後楽園）	完投		○	34	31	9	128	6	1	2	0	4	0	2	1	1.78
44		9月15日（水）	太平洋	9	（仙台）	先発		●	32	30	6 2/3	114	10	1	2	0	3	0	3	3	1.85
45		9月19日（日）	南海	10	（仙台）	完投		○	36	34	9	151	8	1	1	0	7	0	2	2	1.85
46		9月22日（水）	南海	13	（仙台）	完投		●	33	30	9	126	5	1	1	0	4	0	1	1	1.82
1	1977年	4月2日（土）	近鉄	1	（仙台）	先発		●	28	27	6	104	10	2	1	0	3	0	4	2	3.00
2		4月7日（木）	クラウン	2	（平和台）		完了	S	3	2	2/3	10	0	0	1	0	1	0	0	0	2.57
3		4月8日（金）	南海	1	（大阪）		中継	●	3	3	0/3	5	3	0	0	0	0	0	3	3	6.43
4		4月11日（月）	南海	3	（大阪）	完投		○	35	31	9	128	6	0	4	0	3	0	1	1	3.38
5		4月17日（日）	日本ハム	1	（仙台）		完了	○	6	6	2	28	1	0	0	0	1	0	0	0	3.00
6		4月20日（水）	南海	5	（後楽園）	先発		●	22	20	5	84	6	2	2	0	2	0	6	5	4.30
7		4月24日（日）	阪急	4	（西宮）	先発			32	25	5 1/3	131	9	0	6	0	3	0	7	5	5.14
8		5月3日（火）	阪急	5	（仙台）	完投		●	36	31	9	151	5	0	4	0	7	0	1	1	4.14
9		5月8日（日）	クラウン	6	（平和台）	完投		○	37	30	9	123	3	1	4	1	7	2	2	2	3.72
10		5月13日（金）	日本ハム	8	（後楽園）	完投		○	38	36	9	128	10	0	1	0	10	1	2	2	3.44
11		5月18日（水）	阪急	8	（後楽園）	先発			16	15	3 1/3	58	5	2	0	1	2	0	4	3	3.72
12		5月21日（土）	南海	7	（仙台）	完投		○	38	34	9	137	9	0	3	0	7	0	2	1	3.36
13		5月24日（火）	阪急	10	（西宮）		完了		3	3	1	9	0	0	0	0	1	0	0	0	3.31
14		5月29日（日）	クラウン	10	（後楽園）	完投		○	33	30	9	138	5	1	3	0	6	0	2	2	3.16
15		6月4日（土）	近鉄	7	（藤井寺）	完封		○	37	32	9	138	7	0	5	0	8	0	0	0	2.83
16		6月9日（木）	南海	11	（大阪）	先発		●	24	24	5	77	9	0	0	0	4	0	4	4	3.07
17		6月13日（月）	日本ハム	11	（後楽園）		完了	●	8	6	1 1/3	28	1	0	0	2	2	0	1	0	3.00
18		6月19日（日）	阪急	12	（神宮）	完投		●	38	33	9	137	8	0	3	0	5	0	2	2	2.91
19		6月26日（日）	南海	12	（大阪）	完投		●	31	30	8	113	7	1	1	0	5	1	2	2	2.86
20		7月2日（土）	阪急	13	（西宮）		完了		4	4	1	20	1	0	0	0	2	0	0	0	2.84
21		7月5日（火）	クラウン	1	（仙台）	完投		○	34	31	9	115	6	0	2	0	5	1	1	1	2.70
22		7月10日（日）	阪急	2	（西京極）	先発			13	12	1 2/3	57	7	0	1	0	2	0	6	6	3.12
23		7月14日（木）	日本ハム	3	（後楽園）	先発		●	28	24	6 1/3	90	8	1	2	0	4	0	4	4	3.23
24		7月17日（日）	南海	2	（大阪）		完了	S	3	3	1	8	0	0	0	0	1	0	0	0	3.21
25		7月18日（月）	南海	3	（大阪）		完了		11	11	3	47	2	0	0	0	2	0	1	1	3.20
26		7月21日（木）	近鉄	2	（神宮）	先発		●	14	12	3	59	5	2	1	0	2	0	2	2	3.27
27		7月29日（金）	南海	4	（神宮）	完封		○	31	30	9	102	4	0	1	0	3	0	0	0	3.06
28		8月3日（水）	クラウン	4	（平和台）	完投		○	36	36	9	121	8	1	0	0	8	1	2	2	3.00
29		8月7日（日）	日本ハム	6	（仙台）		完了	○	14	14	4	67	2	0	0	0	6	0	0	0	2.92
30		8月13日（土）	クラウン	6	（平和台）	完投		○	36	34	9	153	9	0	2	0	8	0	1	0	2.77
31		8月20日（土）	南海	8	（仙台）	先発		○	29	29	6 2/3	98	8	2	0	0	7	0	3	2	2.77
32		8月25日（木）	阪急	6	（西宮）	完投		●	34	33	9 0/3	134	7	0	1	0	9	0	1	1	2.69
33		8月30日（火）	近鉄	3	（日生）	先発		●	8	6	1	37	3	0	2	0	1	1	4	4	2.87
34		8月31日（水）	近鉄	4	（日生）		完了	○	16	15	5	59	1	0	0	1	5	1	0	0	2.79
35		9月4日（日）	阪急	10	（神宮）	先発			37	35	8 0/3	135	12	0	1	1	3	1	6	4	2.86
36		9月7日（水）	クラウン	11	（仙台）		完了	○	10	10	3	39	1	0	0	0	3	0	0	0	2.82
37		9月11日（日）	南海	12	（大阪）	先発		●	24	23	7 0/3	106	3	0	1	0	4	0	2	2	2.81
38		9月15日（木）	日本ハム	11	（仙台）		完了		11	9	3	57	1	0	1	0	5	0	0	0	2.77
39		9月15日（木）	日本ハム	12	（仙台）		完了	S	4	4	1	17	1	0	0	0	0	0	0	0	2.76

試合	年度	日付	対戦球団	回戦	球場	先発	救援	勝敗	打者	打数	投球回	投球数	被安打	被本塁打	与四球	与死球	奪三振	暴投	失点	自責点	シーズン防御率
40	1977年	9月17日（土）	阪急	11	（川崎）		完了	○	14	12	3 1/3	64	2	0	2	0	3	0	0	0	2.70
41		9月20日（火）	クラウン	13	（仙台）		完了	S	8	7	1 2/3	29	2	0	0	1	2	0	0	0	2.69
42		9月23日（金）	近鉄	6	（日生）		完了	S	11	9	2 2/3	49	1	0	2	0	3	1	0	0	2.65
43		9月25日（日）	近鉄	8	（藤井寺）		中継		2	2	0/3	7	2	0	0	0	0	0	2	2	2.74
44		9月27日（火）	阪急	12	（西京極）	完投		○	37	34	9	151	9	0	3	0	8	0	2	2	2.71
45		9月30日（金）	近鉄	10	（仙台）		完了	S	5	5	1 1/3	19	1	0	0	0	2	0	0	0	2.70
46		10月2日（日）	近鉄	13	（仙台）	先発		●	11	9	1 2/3	44	4	0	1	0	1	0	4	1	2.71
47		10月4日（火）	日本ハム	13	（仙台）		完了		22	20	6	73	2	0	1	1	4	0	1	1	2.68
1	1978年	4月1日（土）	日本ハム	1	（川崎）	先発		●	14	11	2 1/3	49	5	2	2	0	2	0	5	5	22.50
2		4月4日（火）	クラウン	1	（平和台）	完投		○	37	32	9	139	6	1	3	2	3	2	3	1	4.91
3		4月9日（日）	近鉄	3	（藤井寺）	完投		○	28	28	9	115	2	1	0	0	6	0	1	1	3.15
4		4月14日（金）	南海	1	（川崎）		完了	○	23	21	6	81	4	0	1	1	2	0	0	0	2.42
5		4月19日（水）	日本ハム	4	（後楽園）	先発		○	26	24	7	106	5	1	1	0	5	0	2	2	2.45
6		4月23日（日）	南海	7	（大阪）		中継	●	2	2	0/3	7	2	0	0	0	0	0	2	1	2.73
7		4月27日（木）	クラウン	5	（川崎）		完了	S	7	7	2	23	2	0	0	0	1	0	1	1	2.83
8		4月30日（日）	阪急	3	（西宮）	完投		○	36	30	9	173	3	1	4	2	11	0	2	2	2.66
9		5月5日（金）	日本ハム	6	（川崎）	完封		○	34	28	9	138	4	0	5	0	7	0	0	0	2.21
10		5月12日（金）	南海	8	（川崎）	完投		○	35	33	9	114	7	0	1	0	5	1	3	2	2.18
11		5月20日（土）	クラウン	7	（平和台）	先発		●	15	11	2	44	8	1	1	1	1	0	9	9	3.38
12		5月21日（日）	クラウン	8	（平和台）		完了	○	18	16	4 1/3	73	3	0	2	0	2	0	1	1	3.26
13		5月25日（木）	近鉄	12	（川崎）	完投		●	33	29	9	138	5	0	2	0	4	1	2	1	3.00
14		5月31日（水）	阪急	6	（川崎）	完投		○	41	39	9	147	12	2	2	0	3	0	6	5	3.21
15		6月6日（火）	南海	11	（大阪）	完投		●	36	30	8 1/3	146	7	0	4	0	1	1	4	3	3.22
16		6月10日（土）	近鉄	13	（日生）		完了		9	8	2	34	3	0	0	1	1	1	0	0	3.15
17		6月14日（水）	日本ハム	11	（川崎）	先発			34	27	7 0/3	135	8	1	6	0	5	2	2	2	3.12
18		6月21日（水）	クラウン	13	（川崎）	完投		●	37	37	9	137	11	2	0	0	11	0	5	5	3.27
19		6月30日（金）	阪急	1	（川崎）	完投			39	36	11	165	5	0	2	1	8	1	1	0	2.98
20		7月3日（月）	阪急	3	（川崎）		完了	S	6	6	2	19	0	0	0	0	2	0	0	0	2.93
21		7月5日（水）	日本ハム	2	（後楽園）		完了		2	2	2/3	5	0	0	0	0	1	1	0	0	2.91
22		7月7日（金）	クラウン	1	（川崎）	先発			15	14	2 2/3	59	6	0	1	0	3	0	3	3	3.07
23		7月9日（日）	クラウン	3	（川崎）		完了		8	8	1 2/3	22	3	0	0	0	1	0	1	1	3.09
24		7月13日（木）	南海	2	（岡山）		完了	S	8	6	1 2/3	40	1	0	2	0	1	0	0	0	3.05
25		7月16日（日）	近鉄	3	（秋田市八橋）	完封		○	30	28	9	124	5	0	1	1	5	0	0	0	2.85
26		7月20日（木）	阪急	6	（岡山）	先発		●	27	22	6	113	6	0	4	0	5	0	4	4	2.98
27		8月2日（水）	近鉄	4	（川崎）	先発		●	22	20	4 1/3	77	7	1	1	0	4	0	5	4	3.14
28		8月6日（日）	日本ハム	5	（仙台）		完了		9	9	2	20	3	1	0	0	2	0	2	2	3.21
29		8月9日（水）	南海	4	（川崎）	完投		○	35	31	9	137	6	1	3	1	7	0	1	1	3.09
30		8月14日（月）	クラウン	6	（平和台）	先発		●	32	29	8 1/3	121	6	0	2	0	12	0	3	3	3.11
31		8月19日（土）	南海	7	（大阪）	先発		●	6	5	1/3	18	5	0	0	0	0	0	5	2	3.19
32		8月21日（月）	南海	8	（大阪）	完投		○	38	35	9	169	8	0	1	2	7	0	1	1	3.08
33		8月26日（土）	日本ハム	11	（後楽園）	完投		●	39	35	9 2/3	161	7	0	1	1	10	0	1	1	2.98
34		8月31日（木）	阪急	8	（仙台）	先発		●	27	24	6	104	7	1	1	2	6	0	4	4	3.08
35		9月14日（木）	クラウン	7	（川崎）	完投		○	33	31	9	126	5	1	2	0	11	0	1	1	2.99
36		9月19日（火）	南海	12	（大阪）	完封		○	31	30	9	139	3	0	1	0	6	0	0	0	2.86
37		9月27日（水）	阪急	12	（川崎）	完投		●	35	31	9	123	8	1	2	0	13	0	4	4	2.91
1	1979年	4月7日（土）	日本ハム	1	（後楽園）	完投		●	33	31	8	124	6	1	1	1	4	1	5	1	1.13
2		4月12日（木）	近鉄	3	（日生）	完投		○	34	33	9	136	6	0	1	0	7	0	1	1	1.06
3		4月17日（火）	南海	1	（大阪）	先発		●	27	27	5 0/3	104	10	0	0	0	4	1	7	3	2.05
4		4月22日（日）	西武	2	（川崎）	完封		○	33	32	9	124	6	0	1	0	9	0	0	0	1.45
5		4月27日（金）	南海	3	（川崎）	先発		●	31	30	7	118	9	1	0	1	6	0	5	4	2.13
6		5月2日（水）	日本ハム	2	（仙台）	先発			25	22	5 2/3	105	7	2	2	0	5	0	3	3	2.45
7		5月6日（日）	西武	5	（西武）		完了	S	15	15	4	55	3	1	0	0	3	0	2	2	2.63
8		5月10日（木）	近鉄	5	（川崎）	完投		○	37	33	9	118	7	0	3	0	4	0	3	2	2.53

試合	年度	日付	対戦球団	回戦	球場	先発	救援	勝敗	打者	打数	投球回	投球数	被安打	被本塁打	与四球	与死球	奪三振	暴投	失点	自責点	シーズン防御率
9		5月15日（火）	南海	6	（大阪）		完了		6	5	1	24	2	0	1	0	2	0	0	0	2.48
10		5月20日（日）	日本ハム	10	（川崎）	完封		○	33	31	9	133	6	0	1	0	9	0	0	0	2.15
11		5月24日（木）	近鉄	8	（川崎）	先発		●	18	15	4	67	5	1	2	0	4	1	5	5	2.66
12		5月29日（火）	南海	8	（川崎）	完投		○	38	36	9	145	9	1	2	0	13	0	5	5	2.93
13		6月3日（日）	西武	9	（西武）	完投		○	34	32	9	133	6	0	1	0	8	1	1	1	2.73
14		6月8日（金）	近鉄	9	（日生）	完投		○	36	33	9	147	5	2	3	0	16	1	2	2	2.66
15		6月13日（水）	西武	11	（仙台）	完投		○	28	28	9	109	1	1	0	0	9	0	1	1	2.52
16		6月18日（月）	阪急	9	（西宮）	先発		●	17	14	3	78	6	2	3	0	2	0	5	5	2.86
17		6月21日（木）	近鉄	13	（川崎）		完了	S	4	4	1	10	1	0	0	0	0	0	0	0	2.84
18		6月23日（土）	日本ハム	13	（後楽園）	完投		○	32	32	9	123	6	1	0	0	7	0	1	1	2.70
19		6月28日（木）	阪急	11	（西宮）	完投			33	31	9	129	5	3	2	0	8	0	3	3	2.72
20		7月6日（金）	阪急	1	（西宮）	完投		●	30	22	8	128	2	1	4	1	9	2	3	3	2.76
21		7月11日（水）	日本ハム	2	（後楽園）	完投		○	33	31	9	102	8	1	0	0	6	0	3	3	2.77
22	1979年	7月17日（火）	近鉄	1	（川崎）	完投		○	32	31	9	110	5	1	1	0	7	0	1	1	2.67
23		7月28日（土）	阪急	3	（川崎）	先発		●	32	25	7 0/3	129	6	0	6	0	8	1	4	4	2.78
24		8月2日（木）	西武	4	（川崎）	完投		○	36	33	9	123	8	0	1	1	7	0	3	3	2.79
25		8月7日（火）	南海	1	（仙台）	先発		●	30	28	6	105	11	0	1	0	5	0	5	3	2.85
26		8月12日（日）	近鉄	4	（日生）	先発		○	31	26	7	109	7	0	4	0	5	1	2	2	2.84
27		8月19日（日）	西武	6	（川崎）	完投		●	38	34	9	139	8	1	3	0	6	0	2	2	2.80
28		8月25日（土）	阪急	6	（仙台）	完封		○	33	30	9	123	6	0	3	0	11	0	0	0	2.67
29		8月30日（木）	西武	8	（西武）	完投			38	37	10	136	6	1	1	0	6	0	3	3	2.67
30		9月5日（水）	近鉄	6	（日生）	先発			20	19	3 2/3	72	9	0	1	0	4	0	5	5	2.85
31		9月6日（木）	近鉄	7	（日生）		中継	●	4	4	1/3	14	3	0	0	0	1	0	2	2	2.92
32		9月8日（土）	南海	11	（平和台）		完了		10	9	2 2/3	52	1	1	1	0	2	0	1	1	2.93
33		9月13日（木）	日本ハム	11	（川崎）	完投		○	34	34	9	122	7	0	0	0	6	0	1	1	2.85
34		9月18日（火）	阪急	7	（西宮）	先発		●	15	14	2 1/3	53	5	2	0	1	2	0	5	3	2.93
35		9月23日（日）	西武	9	（西武）	先発		●	34	32	7 1/3	154	13	2	1	0	9	1	6	5	3.04
36		10月1日（月）	西武	10	（川崎）	完投		○	34	30	9	114	7	0	2	0	7	0	2	2	3.00
37		10月10日（水）	阪急	13	（川崎）	完投		○	37	33	9	122	6	0	3	0	9	0	2	2	2.96
1		4月5日（土）	阪急	1	（西宮）	先発			35	27	8 1/3	143	6	1	4	1	9	0	5	5	5.63
2		4月10日（木）	近鉄	2	（日生）	完投		○	38	34	9	160	7	1	3	0	11	0	2	2	3.71
3		4月15日（火）	南海	1	（川崎）	完投		●	38	34	9	129	9	1	4	0	5	0	2	1	2.77
4		4月20日（日）	西武	3	（西武）		完了	●	9	8	1	30	4	0	1	0	0	0	5	3	3.67
5		4月22日（火）	近鉄	3	（川崎）	先発			34	29	8 2/3	132	6	1	5	0	6	0	7	7	4.50
6		4月27日（日）	日本ハム	4	（後楽園）	完封		○	40	36	9	158	9	0	4	0	6	0	0	0	3.60
7		5月3日（土）	阪急	5	（川崎）	完投		●	42	30	9	156	6	1	8	3	9	0	5	4	3.67
8		5月9日（金）	日本ハム	5	（後楽園）	先発		○	26	23	6 1/3	107	7	1	1	1	3	0	4	4	3.90
9		5月21日（水）	西武	8	（鹿児島）	先発			23	21	5 0/3	85	8	0	1	0	4	0	5	4	4.15
10		5月27日（火）	阪急	10	（川崎）	完投		○	39	33	10	164	7	0	4	0	11	0	1	1	3.72
11		6月1日（日）	南海	7	（川崎）	完投		○	33	31	9	116	6	0	2	0	3	0	2	1	3.43
12	1980年	6月6日（金）	近鉄	7	（日生）	先発		●	34	29	7	155	8	2	5	0	9	0	8	5	3.66
13		6月11日（水）	日本ハム	10	（仙台）	先発		●	33	28	7 1/3	118	8	0	4	0	6	0	5	3	3.64
14		6月16日（月）	南海	10	（大阪）	完投			37	29	9	137	4	0	7	1	2	0	1	1	3.42
15		6月22日（日）	南海	11	（川崎）	完投		○	36	34	9	129	9	1	0	0	5	0	4	3	3.38
16		6月27日（金）	日本ハム	13	（川崎）	完投		○	37	34	9	115	9	0	2	0	4	0	1	1	3.21
17		7月4日（金）	日本ハム	1	（川崎）	先発			38	35	8 1/3	115	12	1	1	1	7	1	6	5	3.36
18		7月12日（土）	近鉄	1	（日生）	先発		●	20	12	3 0/3	90	3	2	8	0	3	0	5	5	3.61
19		7月15日（火）	南海	1	（大阪）		完了	S	17	12	4	73	1	0	4	0	4	1	0	0	3.51
20		7月27日（日）	阪急	3	（札幌円山）	完投		○	37	32	9	131	5	0	5	0	8	0	3	3	3.48
21		8月2日（土）	阪急	5	（西宮）	先発		●	26	23	6	108	7	1	1	1	6	0	4	4	3.58
22		8月7日（木）	日本ハム	7	（後楽園）	先発			40	34	8 0/3	179	11	1	5	0	5	0	5	5	3.68
23		8月13日（水）	西武	2	（西武）	完投		○	32	32	9	112	7	0	0	0	7	0	1	1	3.54
24		8月21日（木）	日本ハム	9	（神宮）	先発			13	11	2 1/3	44	5	0	1	0	2	0	3	3	3.65

試合	年度	日付	対戦球団	回戦	球場	先発	救援	勝敗	打者	打数	投球回	投球数	被安打	被本塁打	与四球	与死球	奪三振	暴投	失点	自責点	シーズン防御率
25	1980年	9月2日(火)	南海	11	(川崎)		完了	S	1	1	1/3	1	0	0	0	0	0	0	0	0	3.63
26		9月4日(木)	南海	13	(川崎)		完了	●	7	4	1 1/3	23	2	0	2	0	0	0	3	3	3.76
27		9月5日(金)	阪急	8	(西宮)		中継	●	7	5	1	30	3	0	1	0	0	0	3	3	3.89
1	1981年	4月4日(土)	西武	1	(川崎)	先発		○	37	36	8 0/3	114	12	2	1	0	2	0	3	3	3.38
2		4月9日(木)	阪急	3	(川崎)	完投		○	41	36	9	143	11	1	5	0	3	0	5	3	3.18
3		4月15日(水)	西武	5	(西武)	完投		○	37	35	9	134	13	0	2	0	5	1	4	4	3.46
4		4月21日(火)	日本ハム	1	(後楽園)	完投		○	35	33	9	120	5	1	1	1	10	0	1	1	2.83
5		4月26日(日)	南海	5	(仙台)	完投		○	33	30	9	108	4	0	1	0	10	0	3	1	2.45
6		5月1日(金)	日本ハム	4	(川崎)	完投		○	40	36	9	153	10	0	3	1	7	1	3	3	2.55
7		5月9日(土)	南海	7	(大阪)	完封		○	33	29	9	134	4	0	4	0	5	0	0	0	2.18
8		5月14日(木)	阪急	9	(西宮)	完投			36	34	9	159	8	0	2	0	10	0	2	2	2.15
9		5月20日(水)	近鉄	6	(鹿児島)	先発		○	29	29	7	104	7	1	0	0	5	0	4	1	2.08
10		5月25日(月)	日本ハム	9	(後楽園)	完投		○	37	34	9	145	8	0	2	0	12	0	1	1	1.97
11		5月30日(土)	南海	11	(川崎)	先発			28	22	5	103	8	1	4	2	4	0	8	8	2.64
12		6月3日(水)	近鉄	10	(平和台)	完投		○	33	32	9	128	6	0	0	1	9	1	1	1	2.50
13		6月7日(日)	阪急	13	(川崎)	完投		○	34	30	9	123	4	0	3	1	8	1	2	1	2.37
14		6月16日(火)	西武	11	(西武)	先発		●	29	28	6 1/3	117	9	0	1	0	3	0	4	4	2.56
15		6月21日(日)	近鉄	13	(藤井寺)	先発		●	17	13	2 1/3	74	4	0	4	0	1	0	5	2	2.65
16		7月3日(金)	日本ハム	1	(後楽園)	先発		●	15	11	2	73	4	1	4	0	3	1	8	7	3.12
17		7月8日(水)	近鉄	2	(日生)	完投		○	32	31	9	122	4	1	1	0	6	0	1	1	2.98
18		7月15日(水)	西武	1	(平和台)	先発		○	20	18	5	84	6	0	2	0	2	0	3	3	3.07
19		7月19日(日)	阪急	3	(西宮)	先発		○	27	26	6	96	8	0	1	0	4	0	3	3	3.13
20		7月23日(木)	近鉄	6	(金沢)	先発		○	30	30	7 1/3	106	9	1	0	0	3	0	2	2	3.10
21		8月1日(土)	阪急	5	(川崎)	先発		○	35	34	8 1/3	129	11	0	1	0	3	0	3	3	3.12
22		8月6日(木)	日本ハム	6	(仙台)	完封		○	31	28	9	107	3	0	1	0	3	0	0	0	2.95
23		8月11日(火)	南海	5	(大阪)	完投		●	31	30	8	117	11	1	0	0	1	0	5	4	3.02
24		8月16日(日)	阪急	9	(札幌円山)	先発		●	33	30	8 0/3	121	7	0	2	0	7	1	3	1	2.93
25		8月23日(日)	日本ハム	8	(後楽園)	先発			13	12	1 1/3	50	7	0	1	0	0	0	7	5	3.15
26		8月26日(水)	南海	9	(大阪)	先発			29	24	7 0/3	98	9	1	2	0	3	0	2	2	3.13
27		9月2日(水)	南海	12	(川崎)	完投		●	40	40	9	119	12	1	0	0	1	0	1	1	3.03
28		9月6日(日)	西武	10	(西武)	完投		○	34	32	9	120	7	1	2	0	6	0	2	2	2.99
29		9月17日(木)	阪急	12	(西宮)	先発		●	22	19	4	87	7	0	2	0	5	0	6	1	2.97
30		9月22日(火)	近鉄	10	(川崎)	先発		●	27	26	7	96	5	3	1	0	4	0	4	4	3.04
31		9月27日(日)	西武	12	(平和台)	完投		○	38	37	9	154	10	1	1	0	9	0	1	1	2.96
32		10月2日(金)	近鉄	13	(藤井寺)		中継		14	13	3	46	4	1	1	0	0	0	2	1	2.96
1	1982年	4月3日(土)	南海	1	(川崎)	完投		○	37	35	9	125	10	2	1	0	5	0	5	5	5.00
2		4月8日(木)	西武	2	(平和台)	完封		○	35	29	9	127	5	0	2	1	9	0	0	0	2.50
3		4月13日(火)	西武	3	(西武)	完封		○	35	32	9	133	4	0	2	1	4	0	0	0	1.67
4		4月20日(火)	日本ハム	1	(後楽園)	先発		●	18	14	4	59	5	1	3	0	1	0	3	2	2.03
5		5月7日(金)	日本ハム	7	(後楽園)	先発		○	34	31	8 1/3	143	8	1	2	0	7	0	4	4	2.54
6		5月17日(月)	近鉄	9	(川崎)	先発			7	6	1	34	3	0	1	0	1	0	2	2	2.93
1983年　登板なし																					
1	1984年	8月12日(日)	西武	16	(札幌円山)		完了		3	3	1	9	0	0	0	0	0	0	0	0	0.00
2		8月22日(水)	近鉄	24	(藤井寺)		完了		8	7	2	27	3	0	0	0	1	0	1	1	3.00
3		9月2日(日)	阪急	24	(川崎)		完了		3	3	1	10	0	0	0	0	0	0	0	0	2.25
4		9月7日(金)	南海	24	(秋田市八橋)		中継	●	3	3	0/3	14	3	0	0	0	0	0	3	3	9.00
5		9月25日(火)	日本ハム	26	(川崎)	先発			22	21	5	68	7	1	0	0	2	0	2	2	6.00
1	1985年	4月14日(日)	西武	2	(川崎)	完投		○	40	32	9	155	7	0	7	0	8	0	2	2	2.00
2		4月21日(日)	南海	2	(大阪)	完投		○	33	30	9	125	7	2	3	0	5	2	4	4	3.00
3		4月28日(日)	日本ハム	2	(後楽園)	完投		○	36	31	9	135	5	0	4	0	2	2	5	3	3.00
4		5月5日(日)	南海	4	(川崎)	先発		○	24	22	6	93	4	2	2	0	4	0	3	3	3.27
5		5月12日(日)	近鉄	8	(藤井寺)	先発		○	29	24	7	102	4	1	4	0	4	0	3	3	3.38
6		5月19日(日)	南海	8	(川崎)	先発		○	32	26	6 1/3	139	10	0	5	0	1	0	4	3	3.50

試合	年度	日付	対戦球団	回戦	球場	先発	救援	勝敗	打者	打数	投球回	投球数	被安打	被本塁打	与四球	与死球	奪三振	暴投	失点	自責点	シーズン防御率
7	1985年	5月26日(日)	阪急	7	(西宮)	完投		○	36	32	9	149	6	1	4	0	8	0	2	2	3.25
8		6月12日(水)	南海	10	(大阪)	完投		○	34	32	9	137	6	0	2	0	6	0	1	1	2.94
9		6月20日(木)	近鉄	12	(川崎)	完投		○	39	33	9	160	9	1	6	0	4	0	3	3	2.95
10		6月27日(木)	西武	11	(西武)	完投		○	41	35	9	147	11	0	5	1	2	1	4	4	3.06
11		7月7日(日)	南海	14	(大分)	完投		○	34	32	9	109	7	1	2	0	4	1	2	2	2.96
12		7月14日(日)	西武	12	(金沢)	先発		●	22	21	4 0/3	82	11	0	1	0	0	0	6	6	3.40
13		7月18日(木)	日本ハム	11	(川崎)	先発		●	24	22	4 2/3	89	10	1	2	0	2	1	3	3	3.51
14		7月30日(火)	南海	15	(川崎)	先発			33	33	7 0/3	112	13	2	0	0	2	1	6	6	3.79
15		8月6日(火)	日本ハム	12	(盛岡)	完投		○	36	33	9	115	5	1	2	1	7	0	2	2	3.65
16		8月13日(火)	西武	13	(西武)	先発			38	33	7 1/3	130	11	0	4	1	6	1	6	6	3.87
17		8月22日(木)	日本ハム	16	(川崎)	完投		○	38	36	9	139	10	1	2	0	2	0	4	4	3.88
18		8月31日(土)	西武	20	(西武)	先発		●	12	10	2	42	5	2	1	0	0	0	6	6	4.22
19		9月5日(木)	近鉄	22	(川崎)	先発		○	32	30	8	127	5	2	1	1	6	0	5	4	4.24
20		9月13日(金)	南海	22	(大阪)	先発		●	18	15	4	52	5	1	0	2	3	0	4	4	4.37
21		9月21日(土)	阪急	23	(西宮)	先発		○	31	29	8 1/3	103	6	0	1	0	4	0	1	1	4.19
22		9月30日(月)	日本ハム	18	(後楽園)	先発		○	29	27	7 1/3	126	6	0	2	0	6	1	1	1	4.06
23		10月9日(水)	阪急	25	(西宮)	先発		○	36	32	7 1/3	158	9	0	4	0	5	0	4	3	4.04
24		10月20日(日)	日本ハム	26	(川崎)	先発		●	25	21	4 1/3	75	9	2	1	1	2	1	8	7	4.30
1	1986年	4月6日(日)	阪急	1	(川崎)	先発		●	33	32	7 1/3	108	10	0	0	0	4	0	5	2	2.45
2		4月13日(日)	日本ハム	2	(後楽園)	先発		●	29	26	6	112	8	1	2	1	5	0	6	5	4.73
3		4月26日(土)	西武	2	(仙台)	先発		●	27	22	6 1/3	96	6	0	2	1	7	0	5	3	4.58
4		5月5日(月)	日本ハム	3	(川崎)	先発		●	28	28	6 2/3	109	10	0	0	0	8	0	3	3	4.44
5		5月11日(日)	西武	6	(川崎)	完投		●	36	32	9	163	7	0	2	1	8	1	3	3	4.08
6		5月18日(日)	南海	6	(平和台)	先発			27	23	7	109	3	0	4	0	6	0	1	1	3.61
7		5月25日(日)	阪急	7	(西宮)	完投		○	37	36	9	149	9	0	1	0	3	1	1	1	3.16
8		6月1日(日)	阪急	9	(川崎)	先発			28	26	7 1/3	104	5	0	1	0	2	0	2	1	2.91
9		6月11日(水)	近鉄	9	(川崎)	完投		○	34	31	9	135	4	1	2	1	6	0	1	1	2.66
10		6月18日(水)	阪急	10	(山形)	先発		●	23	22	4 1/3	75	10	2	1	0	1	0	6	6	3.25
11		6月24日(火)	南海	13	(川崎)	先発		●	20	17	3 2/3	81	7	1	0	1	2	0	7	2	3.33
12		7月1日(火)	阪急	12	(西宮)	先発		○	36	31	8 1/3	114	10	2	3	2	3	0	5	5	3.54
13		7月7日(月)	近鉄	14	(日生)	先発		○	25	23	5 1/3	94	8	1	2	0	2	0	4	3	3.63
14		7月12日(土)	日本ハム	10	(川崎)	先発		●	28	26	7	88	7	3	1	0	6	1	3	3	3.64
15		7月17日(木)	西武	12	(平和台)	先発		●	22	21	4 2/3	84	7	0	1	0	5	0	3	3	3.74
16		8月1日(金)	近鉄	15	(川崎)	先発		○	33	30	8	97	7	2	1	1	8	1	3	3	3.72
17		8月9日(土)	西武	13	(札幌円山)	先発			29	28	6	91	10	2	1	0	4	0	5	5	3.91
18		8月17日(日)	日本ハム	16	(後楽園)	先発			21	20	5 0/3	75	5	2	1	0	5	0	5	5	4.13
19		8月24日(日)	近鉄	20	(ナゴヤ)	先発		○	32	30	8	104	6	0	2	0	2	0	1	1	3.94
20		8月31日(日)	阪急	20	(西宮)	完投		○	35	33	9	135	6	0	1	0	3	0	2	1	3.74
21		9月7日(日)	日本ハム	19	(秋田市八橋)	先発		●	16	16	3 1/3	59	7	3	0	0	1	0	5	5	3.98
22		9月13日(土)	南海	19	(川崎)	先発		●	27	26	6	95	8	2	1	0	7	0	5	5	4.12
23		9月22日(月)	西武	20	(西武)	完投		○	32	29	9	136	4	1	3	0	8	0	1	1	3.94
1	1987年	4月10日(金)	近鉄	1	(藤井寺)	先発		●	27	23	5	104	10	1	2	1	2	0	7	6	10.80
2		4月19日(日)	阪急	2	(川崎)	完封		○	32	31	9	118	6	0	1	0	5	0	0	0	3.86
3		5月3日(日)	南海	5	(川崎)	先発		○	23	22	5 0/3	87	8	1	1	0	2	0	2	2	3.79
4		5月20日(水)	近鉄	7	(川崎)	先発			12	11	2	39	6	1	1	0	1	0	6	6	6.00
5		5月28日(木)	阪急	7	(西宮)	先発		●	25	21	5	94	6	0	3	0	1	3	6	4	6.23
6		6月4日(木)	南海	10	(川崎)	先発		●	16	14	2 1/3	58	7	1	2	0	2	2	5	5	7.31
7		6月14日(日)	近鉄	11	(ナゴヤ)	先発		○	25	24	6 0/3	97	6	1	1	0	7	3	2	2	6.55
8		6月21日(日)	南海	12	(川崎)	先発		●	33	30	7 0/3	110	10	2	1	1	3	0	3	3	6.10
9		6月28日(日)	阪急	12	(西宮)	先発		●	29	23	7	115	5	0	4	0	2	2	4	4	5.96
10		7月5日(日)	近鉄	13	(釧路)	完封		○	33	33	9	114	6	0	0	0	2	0	0	0	5.02
11		7月12日(日)	西武	14	(川崎)	先発			41	34	9 1/3	156	8	2	5	0	6	0	4	3	4.73
12		7月22日(水)	阪急	14	(川崎)	先発		●	28	24	7 0/3	100	6	1	1	1	2	1	2	2	4.52

試合	年度	日付	対戦球団	回戦	球場	先発	救援	勝敗	打者	打数	投球回	投球数	被安打	被本塁打	与四球	与死球	奪三振	暴投	失点	自責点	シーズン防御率
13	1987年	8月2日（日）	近鉄	17	（川崎）	先発		○	32	29	8	104	7	0	1	0	6	1	2	2	4.30
14		8月11日（火）	阪急	18	（仙台）	先発		○	35	32	7	125	13	0	3	0	3	0	3	3	4.26
15		8月18日（火）	西武	15	（川崎）	完投		●	26	23	7	96	4	1	1	1	7	0	2	2	4.14
16		8月26日（水）	日本ハム	17	（川崎）	先発			30	28	7	112	8	0	1	0	5	0	2	1	3.94
17		9月3日（木）	南海	19	（大阪）	先発			27	24	6	107	7	1	3	0	4	0	4	4	4.06
18		9月10日（木）	日本ハム	21	（川崎）	先発			31	28	8	117	6	2	3	0	8	0	3	3	4.01
19		9月20日（日）	西武	22	（川崎）	先発		●	20	18	4	82	7	1	2	0	2	0	4	4	4.18
20		9月27日（日）	阪急	24	（西宮）	先発		●	20	16	4	65	8	0	3	0	0	0	4	4	4.33
21		10月7日（水）	西武	24	（西武）	先発		○	28	23	6	92	7	0	3	0	4	0	3	3	4.34
1	1988年	4月8日（金）	日本ハム	1	（東京ドーム）	先発		○	25	23	7	95	2	0	2	0	7	0	2	2	2.57
2		4月17日（日）	阪急	2	（川崎）	先発		○	27	23	7	99	6	0	2	0	6	0	1	1	1.93
3		4月24日（日）	南海	4	（仙台）	完封		○	33	31	9	141	5	0	0	1	8	0	0	0	1.17
4		5月1日（日）	阪急	5	（西宮）	先発			25	18	5 1/3	103	6	2	6	0	2	0	5	5	2.54
5		5月15日（日）	南海	7	（大阪）	先発		●	24	23	6 0/3	90	6	1	1	0	1	0	5	5	3.41
6		5月26日（木）	西武	9	（平和台）	先発			34	30	7 2/3	141	8	1	3	0	8	1	4	4	3.64
7		6月5日（日）	南海	9	（川崎）	完投		●	43	39	10	173	9	5	4	0	13	0	6	6	3.98
8		6月15日（水）	西武	11	（西武）	完投		●	36	31	8 2/3	134	9	2	2	0	9	1	6	6	4.30
9		6月23日（木）	日本ハム	15	（川崎）	先発		●	33	30	7 1/3	146	9	0	3	0	7	1	3	2	4.10
10		7月2日（土）	南海	11	（平和台）	先発		○	24	23	6	97	6	1	1	0	3	0	3	3	4.14
11		7月12日（火）	日本ハム	16	（東京ドーム）	先発		○	30	27	8 0/3	136	4	0	3	0	9	0	0	0	3.73
12		7月21日（木）	南海	15	（平和台）	先発		○	23	22	6	91	5	2	1	0	7	0	3	3	3.78
13		7月31日（日）	南海	18	（大阪）	完投		●	38	31	8 2/3	146	8	1	4	0	4	1	3	3	3.72
14		8月7日（日）	西武	20	（西武）	先発		●	24	21	4 1/3	92	8	3	2	1	5	0	9	9	4.37
15		8月15日（月）	阪急	14	（川崎）	先発		○	24	21	5	102	5	0	3	0	5	0	3	2	4.33
16		8月23日（火）	日本ハム	20	（東京ドーム）	先発		○	36	33	10	136	4	0	1	2	9	1	0	0	3.96
17		9月8日（木）	西武	24	（川崎）	完投		○	35	34	9	117	7	1	0	1	5	1	4	4	3.96
18		9月18日（日）	西武	25	（西武）	先発			28	25	7	94	5	1	1	1	5	1	2	2	3.89
19		10月3日（月）	阪急	22	（川崎）	先発		○	28	27	7 1/3	88	5	1	1	0	4	0	2	2	3.81
20		10月13日（木）	近鉄	23	（川崎）	先発		●	29	22	6 1/3	114	6	1	5	0	3	0	4	4	3.89
1	1989年	4月9日（日）	西武	1	（西武）	完封		○	36	28	9	149	5	0	5	0	3	1	0	0	0.00
2		4月16日（日）	近鉄	3	（川崎）	完投		●	49	42	11	182	10	0	5	1	8	1	7	4	1.80
3		4月30日（日）	日本ハム	6	（川崎）	先発		●	17	14	4	70	2	2	2	0	2	0	5	4	3.00
4		5月13日（土）	日本ハム	7	（山形）	完投		○	35	32	9	122	11	1	1	0	6	0	5	5	3.55
5		5月24日（水）	ダイエー	6	（平和台）	完投		●	32	27	8	110	7	0	2	0	5	0	3	2	3.29
6		6月1日（木）	日本ハム	11	（川崎）	完投		●	35	29	9	145	5	0	5	0	5	1	1	0	2.70
7		6月8日（木）	西武	8	（西武）	完投		●	39	34	9 1/3	143	6	2	3	0	7	0	4	4	2.88
8		6月14日（水）	近鉄	10	（仙台）	完投			53	47	12	208	10	1	4	1	10	0	4	4	2.90
9		6月21日（水）	近鉄	12	（川崎）	先発		○	26	24	7	105	5	2	1	0	9	0	2	2	2.87
10		6月28日（水）	日本ハム	13	（東京ドーム）	完封		○	38	34	9	136	9	0	2	1	3	1	0	0	2.58
11		7月5日（水）	近鉄	15	（日生）	完投		●	35	29	8	115	6	1	4	1	10	0	3	3	2.64
12		7月12日（水）	ダイエー	13	（川崎）	完封		○	33	31	9	135	4	0	2	0	11	0	0	0	2.42
13		7月19日（水）	西武	12	（西武）	完投			46	38	12	188	4	1	6	0	11	0	3	3	2.40
14		7月30日（日）	ダイエー	14	（川崎）	完投		●	36	29	9	131	5	1	6	0	8	0	3	3	2.44
15		8月6日（日）	オリックス	17	（西宮）	完投		●	34	31	8	132	8	1	3	0	8	1	1	1	2.36
16		8月14日（月）	ダイエー	18	（平和台）	先発			24	21	6	93	6	1	2	0	4	0	3	3	2.45
17		8月22日（火）	近鉄	20	（日生）	先発		●	25	22	5 2/3	92	7	2	3	0	3	0	4	4	2.61
18		8月30日（水）	日本ハム	22	（東京ドーム）	完投		○	33	33	9	138	9	0	0	0	4	0	2	2	2.57
19		9月7日（木）	ダイエー	20	（川崎）	完投			24	18	5 2/3	89	4	0	3	1	4	0	0	0	2.48
20		9月15日（金）	日本ハム	24	（川崎）	先発			20	18	4	79	7	1	1	0	4	0	3	3	2.58
21		9月24日（日）	西武	24	（西武）	先発			31	24	7	108	5	0	5	0	4	0	3	1	2.53
22		10月8日（日）	オリックス	22	（神戸）	完投		○	38	32	9	163	8	1	4	0	6	1	2	2	2.50

試合	年度	日付	対戦球団	回戦	球場	先発	救援	勝敗	打者	打数	投球回	投球数	被安打	被本塁打	与四球	与死球	奪三振	暴投	失点	自責点	シーズン防御率
1	1990年	4月8日（日）	オリックス	1	（西宮）	完投		○	33	28	9	138	2	0	4	0	11	1	1	1	1.00
2		4月15日（日）	近鉄	1	（川崎）	完投		○	35	32	8	125	9	1	1	1	6	0	3	3	2.12
3		4月24日（火）	ダイエー	1	（川崎）	先発		○	26	20	5 2/3	82	5	0	4	0	4	0	4	3	2.78
4		4月30日（月）	西武	3	（川崎）	先発		●	20	15	3 1/3	91	5	0	4	0	2	1	3	2	3.12
5		5月6日（日）	ダイエー	6	（平和台）	先発		●	31	25	6 1/3	109	7	1	4	1	7	1	6	6	4.18
6		5月15日（火）	西武	4	（西武）	先発		●	28	25	5 1/3	103	9	0	2	0	5	3	4	4	4.54
7		5月20日（日）	近鉄	4	（秋田県立）		完了		3	3	2/3	8	1	0	0	0	0	0	0	0	4.46
8		5月22日（火）	オリックス	5	（西宮）		完了	S	1	1	1/3	6	0	0	0	0	0	1	0	0	4.42
9		5月23日（水）	オリックス	6	（西宮）		完了		2	1	0/3	6	1	0	1	0	0	0	0	0	4.42
10		5月26日（土）	ダイエー	7	（鹿児島）		完了	S	2	2	2/3	6	0	0	0	0	1	0	0	0	4.35
11		6月3日（日）	ダイエー	9	（金沢）		完了		11	8	2 1/3	39	2	1	1	1	2	1	2	2	4.54
12		6月7日（木）	西武	8	（川崎）		完了	○	9	6	2	39	1	0	2	0	1	1	0	0	4.33
13		6月10日（日）	近鉄	6	（ナゴヤ）		完了	●	11	10	1 2/3	42	5	0	0	1	3	0	3	2	4.57
14		6月17日（日）	日本ハム	11	（川崎）	先発			27	24	6	114	6	3	3	0	5	0	5	5	4.91
15		6月23日（土）	西武	10	（西武）	先発			20	16	4	78	4	1	4	0	2	2	2	2	4.88
16		7月3日（火）	日本ハム	12	（東京ドーム）	先発		○	30	27	7 1/3	114	8	2	1	1	6	1	3	3	4.74
17		7月10日（火）	近鉄	10	（川崎）	先発		●	24	23	5	90	8	1	0	0	7	0	6	6	5.19
18		7月19日（木）	ダイエー	13	（川崎）	先発			22	21	5 1/3	76	6	0	1	0	4	1	1	1	4.93
19		7月30日（月）	ダイエー	16	（平和台）	先発		○	27	23	5 2/3	100	6	1	4	0	5	0	2	2	4.81
20		8月7日（火）	西武	14	（仙台）	先発		●	21	16	4 1/3	96	4	1	5	0	5	1	4	4	4.99
21		8月15日（水）	日本ハム	19	（東京ドーム）	先発		○	25	23	6	72	7	1	2	0	4	1	4	4	5.06
22		8月24日（金）	西武	16	（西武）	完封		○	34	29	9	129	4	0	2	1	10	1	0	0	4.59
23		9月2日（日）	日本ハム	22	（東京ドーム）	先発		○	22	17	5	77	4	0	4	0	3	0	2	2	4.54
24		9月12日（水）	西武	20	（西武）	先発		●	15	9	3	61	2	1	3	0	4	1	3	2	4.58
25		9月23日（日）	オリックス	21	（西宮）	先発		●	26	22	4 2/3	83	10	0	3	0	1	0	4	4	4.72
26		10月13日（土）	西武	26	（川崎）	完封		○	19	18	5	83	4	0	1	0	5	0	0	0	4.51

通算成績

試合	勝利	敗戦	セーブ	打者	投球回	投球数	被安打
604	215	177	33	13963	3331 1/3	52698	3019

被本塁打	与四球	与死球	奪三振	暴投	失点	自責点	通算防御率
304	1144	124	2363	148	1402	1200	3.24

MURATA
29

村田兆治（むらた・ちょうじ）

1949年11月27日生まれ（没年2022年11月11日）。広島県出身。右投右打。福山電波工高（現·近大付属福山高）からドラフト1位で1968年（67年秋のドラフト）に東京（のちロッテ）入団。71年に先発に定着し76年には21勝、防御率1.82を挙げて2年連続最優秀防御率。81年には19勝で最多勝に輝いた。82年に右ヒジを故障し、じん帯移植手術を受ける。84年終盤に復帰し85年には開幕から11連勝。89年に通算200勝達成、3度目の最優秀防御率を獲得。90年限りで引退。2005年野球殿堂入り。全国の離島の球児たちが一同に会する中学野球大会、離島甲子園を提唱。通算604試合登板、215勝177敗33セーブ、防御率3.24。

[村田兆治 主な獲得タイトル&表彰]

最多勝利：1回（1981年）
最優秀防御率：3回（1975年、1976年、1989年）
最多奪三振：4回（1976年、1977年、1979年、1981年）
※当時連盟表彰なし。パシフィック・リーグでは1989年より表彰
最多セーブ投手：1回（1975年）
ベストナイン：1回（1981年）
日本シリーズ最優秀投手賞：1回（1974年）
オールスターゲーム MVP：1回（1989年 第1戦）
通算最多暴投：148

野球殿堂競技者表彰（2005年）
カムバック賞（1985年）
HEROs AWARD 2021 男性部門（2021年）など

著者略歴

三浦基裕（みうら・もとひろ）

1957年3月17日生まれ。新潟県佐渡市（旧真野町）出身。
1975年　佐渡高校を卒業する。
1976年　上智大学文学部新聞学科に入学する。
1980年　日刊スポーツ新聞社に入社。編集局の記者として主にプロ野球取材を担当する。その後、編集局スポーツ部長・野球部長・写真部長・システム開発部長を経て、編集局長・電子メディア局長を歴任する。
2006年　取締役労務・販売・事業・システム担当を務める。
2009年　代表取締役に就任する。
2011年　日刊スポーツを退社後、一般社団法人SDプロモーションを設立し、株式会社スクールパートナーズや地域新聞の編集責任者などに携わる。
2015年　故郷にUターンし、一般財団法人佐渡市スポーツ協会常務理事に就く。
2016年　佐渡市長に当選し、1期4年間を務める。

村田《むらた》兆治《ちょうじ》という生《い》き方《かた》
マサカリ投法《とうほう》、永遠《えいえん》なれ

2024年11月30日　第1版第1刷発行

著　　者／三浦基裕《みうらもとひろ》

発 行 人／池田哲雄
発 行 所／株式会社ベースボール・マガジン社
〒103-8482
東京都中央区日本橋浜町2-61-9 TIE浜町ビル
電話　03-5643-3930（販売部）
　　　03-5643-3885（出版部）
振替口座　00180-6-46620
https://www.bbm-japan.com/

印刷・製本　共同印刷株式会社

ISBN 978-4-583-11723-2
C0075